AF602204

SOUVENIRS

SUR LE

CARDINAL GUIBERT

PAR

UN DE SES ANCIENS FAMILIERS

TOURS

ALFRED MAME ET FILS, ÉDITEURS

M DCCC LXXXVI

SOUVENIRS

SUR LE

CARDINAL GUIBERT

SOUVENIRS

SUR LE

CARDINAL GUIBERT

PAR

UN DE SES ANCIENS FAMILIERS

TOURS

ALFRED MAME ET FILS, ÉDITEURS

M DCCC LXXXVI

SOUVENIRS

SUR LE

CARDINAL GUIBERT

PAR UN DE SES ANCIENS FAMILIERS

Le cardinal Guibert, archevêque de Paris, qui vient de s'éteindre plein de jours et de mérites, demeurera assurément l'une des plus grandes figures de l'épiscopat français au XIXe siècle, qu'il a presque vécu tout entier.

Il importe donc que ceux qui l'ont connu et approché de plus près consignent leurs impressions et leurs souvenirs, ne fût-ce qu'en passant et imparfaitement, pour aider ses futurs biographes à écrire une vie des plus édifiantes qui se puisse concevoir et l'une des plus belles pages de l'histoire ecclésiastique dans notre pays.

Nous publions, pour obéir à cette pieuse pensée, les notes suivantes, qui ont été écrites au cours de la plume par un de ses anciens familiers, et qui n'ont d'autre but ni d'autre prétention que de fournir un témoignage personnel sur quelques points de la vie et des œuvres du vénérable prélat que la France catholique pleure en ce moment. Ces souvenirs, tous retenus de mémoire, peuvent n'être pas entièrement exacts sur certains détails; aussi ne sont-ils donnés que sous le bénéfice d'une vérification plus rigoureuse et à titre de simples renseignements.

I

Notre illustre prélat était provençal d'origine. Il avait eu pour père Pierre-François-Claude Guibert, et pour mère Rose Pécout. Pierre Guibert, né en 1767, était fils de François Guibert, qui était venu de Barcelonnette s'établir à Aix et faisait, croyons-nous, un petit commerce de laine. Outre ce fils, ce dernier avait eu deux autres filles, tantes du cardinal, Rosalie, épouse Verlaque, et Marguerite, épouse Gaudibert.

Rose Pécout, mère du cardinal, était fille unique de Joseph Pécout et de Marie Turcas. Les Pécout et les Turcas, qui forment la branche ascendante maternelle du cardinal, habitaient la ville d'Aix de temps immémorial et gagnaient aussi leur vie dans le petit commerce. Joseph Pécout ne paraît pas cependant avoir été commerçant, mais tailleur de pierres.

C'est le 23 frimaire de l'an XI de la république (13 décembre 1802) que naquit Joseph-Hippolyte, à onze heures du matin, rue Lisse-Saint-Jean, nº 53. Il fut baptisé le 19 dans la paroisse de Saint-Jean-de-Malte, à Aix, par un prêtre du nom de Teissier. Son parrain est Joseph Pécout, son grand-père maternel, et sa marraine est Marguerite Guibert, épouse Gaudibert, sa tante paternelle. Les témoins de l'acte de l'état civil sont Marie Turcas, épouse de Joseph Pécout, et Marguerite Guibert, dont nous venons de parler. Avant la promulgation du Code civil, qui eut lieu en mars 1804, les femmes pouvaient être témoins dans les actes de l'état civil.

Circonstance curieuse à noter : quand Rose Pécout, mère du cardinal, s'est mariée, elle n'avait que treize ans et neuf mois, d'après un papier de famille qui est entre nos mains. Son mari, Pierre Guibert, trente ans. La mère de Rose Pécout, Marie Turcas, figure comme témoin et grand'mère maternelle de Joseph-Hippolyte, n'ayant que trente-huit ans. Le mariage des époux Guibert avait eu lieu en 1798.

Ceux-ci eurent quatre enfants. Une fille aînée, Pauline-Marie-Françoise, née en 1800 et morte en 1864, à Aix, dans la maison paternelle. Elle resta fille et exerça pendant sa jeunesse la profession de modiste et de tailleuse en robes. Joseph-Hippolyte, le cardinal, venait après, à deux ans de distance. Le troisième enfant était encore une fille, Joséphine-Marguerite, née en 1804. Celle-ci épousa en 1826 Honoré-Eusèbe Sarrus, et fut la mère de M. Clément Sarrus, ancien juge au tribunal de Barcelonnette et de Digne, le même dont le nom figure dans les divers comptes rendus des funérailles du cardinal. Un autre garçon, Fortuné-Marius-Honoré, naquit en 1810. Celui-ci mourut à la Reynaude, paroisse de Saint-Menet, près Marseille, le 16 octobre 1826, dans la propriété du comte de Félix, dont le père du cardinal était régisseur.

La maison des époux Guibert, comme nous l'avons mentionné plus haut, était située au faubourg Saint-Jean. Elle était, comme l'état de la famille elle-même, humble et peu luxueuse. Elle a été vendue depuis et un peu plus confortablement aménagée qu'elle ne l'était alors.

Bien qu'il portât dans ses actes de baptême et de naissance le double prénom de Joseph-Hippolyte, le cardinal se signait habituellement dans sa jeunesse de son premier prénom : « J. Guibert. » Ses lettres à sa famille portent aussi quelquefois l'initiale de son autre prénom : « H. Guibert. » Il les prit l'un et l'autre après son élévation à l'épiscopat, mais se signa toujours plus particulièrement du dernier : *J.-Hipp.* C'est à cette abréviation que les journaux irréligieux, tant de France que de l'étranger, aimaient, dans leurs jours de douteuses plaisanteries, à faire allusion en l'appelant *Monsieur Hipp*. Il rit beaucoup un jour, lorsqu'il était archevêque de Tours, de l'article d'un journal russe qu'on lui montra, et qui louait le courageux archevêque Hipp de sa fermeté et de son langage au temps des discussions de Pie IX avec l'empire. Au fait, le journaliste russe croyait peut-être que c'était son vrai nom, comme ont pu le croire plusieurs de nos journalistes des boulevards.

Les premières années de Joseph-Hippolyte s'écoulèrent à Aix dans la modeste maison de la rue Lisse-Saint-Jean, ou au Malvallat, quartier de Saint-Jean-de-la-Pinette, à quatre kilomètres d'Aix. Le père Guibert avait acheté dans ce lieu une petite propriété rurale qu'il vendit quelque temps après.

Ce jeune garçon ne paraît pas, comme on le dit dans diverses notices nécrologiques, avoir travaillé aux champs ni gardé les troupeaux. C'était un enfant des faubourgs, qui aidait son père dans quelques travaux de jardinage que celui-ci faisait, croyons-nous, chez M. de Félix, noble habitant de la ville d'Aix. Entre temps, il étudiait quelque peu à la maison, et servait la messe à l'église Saint-Jean, sa paroisse. Il y fit sa première communion à l'âge de onze ans, et lui garda toujours une particulière affection.

Le père de notre prélat se qualifie en effet, dans les actes de naissance de ses enfants comme dans son contrat de mariage, de *jardinier cultivateur*. Dans l'acte de naissance du cardinal, il est dit simplement *cultivateur*. Dans l'acte de mariage de sa fille Joséphine, Mme Sarrus, il est qualifié d'*agent d'affaires*. Il l'était en effet, à ce moment-là, de M. de Félix. Pierre Guibert, père du cardinal, paraît avoir été d'ailleurs un homme intelligent. Les lettres que l'on a de lui en témoignent, comme l'état d'éducation relatif qu'il avait fait donner à ses enfants atteste que, s'il ne fut pas riche, il ne fut pas non plus dans cette situation de pauvreté voisine de la misère que plusieurs ont dit avoir été la sienne. La famille Guibert vivait, comme tant d'autres, de son travail, dans des conditions de privation et d'économie journalière, comme le font les gens de la classe ordinaire. Vers la fin de l'empire et les premières années de la restauration, cette économie dut devenir plus rigoureuse, à cause de la cherté des vivres et d'une sorte de famine qui eut lieu en 1816 et en 1817.

« Je me rappelle, écrivait le cardinal au P. Tempier en 1837, que, vers la fin de l'empire, dans des temps de grande misère, lorsque j'étais fort jeune encore, mes parents me faisaient manger à part avec mes sœurs. Ils prenaient leur repas après nous, et ne mangeaient que nos restes, et je sais bien qu'il n'y avait pas toujours de quoi rassasier leur faim. Je rencontre toujours ce souvenir touchant à la porte du réfectoire. »

Il n'est pas exact que le futur archevêque de Paris ait étudié les belles-lettres au petit séminaire ou au collège d'Aix, comme on l'a avancé; encore moins qu'il ait fait de brillantes études, qu'il aurait été terminer à Rome.

Les petits séminaires n'étaient point encore rétablis à l'époque où il aurait pu les fréquenter, et jamais il ne suivit les cours d'un lycée ou d'un collège royal.

Après le concordat, les études se faisaient, surtout pour les jeunes gens qui se destinaient à l'état ecclésiastique, chez quelque vieux prêtre ou quelque ancien religieux, qui, au retour de l'émigration et après le rétablissement du culte catholique, donnaient des leçons de grammaire à quelques enfants qui se groupaient autour d'eux.

Ainsi en était-il à Aix. Un ancien oratorien, l'abbé Donnaud, avait réuni autour de lui quelques adolescents; et les membres du clergé de Saint-Jean, voyant la piété et la gravité précoce du petit Guibert, proposèrent à ce maître de bonne volonté de l'adjoindre à ses autres élèves. Celui-ci le fit volontiers. Ainsi Joseph-Hippolyte fit-il ses études de latinité, qui ne purent avoir rien de brillant ni de remarqué.

Avant d'aller chez l'abbé Donnaud, il avait appris à lire et à écrire chez un laïque, excellent chrétien, que l'on appelait M. Chabert.

Une autre école du même genre s'était établie un peu plus tard dans la même ville. Elle fut tenue par un M. Abel, chez lequel avait étudié l'abbé Bonnaud, qui devint plus tard l'ami et le secrétaire de l'évêque de Viviers, et M. Poujoulat, l'aîné, avec qui le cardinal se lia plus tard aussi d'une étroite amitié, mais qu'il n'avait encore connus ni l'un ni l'autre en ce moment-là.

Né dans les conditions d'un enfant du peuple, ce jeune garçon grandit dans l'isolement, n'ayant pu se créer ni ces relations ni cette camaraderie des collèges qui donnent des compagnons auxquels on se mêle dans la suite et dont on aime à se souvenir. C'était un solitaire et un méditatif. Peut-être même faut-il chercher dans cette première éducation le principe de ce caractère distinctif de sa vie, qui fut d'aimer toujours la retraite et le commerce d'un petit nombre d'amis de choix faits à ses idées et à ses préoccupations particulières.

Après avoir terminé, comme il pouvait les faire dans les conditions où il se trouvait, ses études de grammaire et d'humanités chez l'oratorien Donnaud, le fils de Pierre Guibert entra, vers 1819 ou 1820, au grand séminaire d'Aix pour y faire sa philosophie et sa théologie. Le supérieur de ce séminaire était alors M. Dalga, un sulpicien de mérite, auquel le jeune clerc avait conservé une grande vénération et une profonde reconnaissance.

Lorsqu'il fut devenu un grand personnage, ses condisciples, qui l'avaient peut-être peu remarqué, se sont souvenus de lui. Cela arrive souvent ainsi. En tout cas, en se ressouvenant, ils ont rendu témoignage à son caractère et à son esprit réfléchi.

« Quand il se levait pour répondre, observait, il n'y a pas longtemps, l'un d'eux, prêtre du diocèse de Fréjus, il allait lentement, ne se pressait pas de prendre la parole, mais tout ce qu'il disait était marqué au coin du bon sens et de la sagesse. Il nous étonnait déjà par sa maturité et son esprit ecclésiastique. »

Les archevêques d'Aix qu'il avait connus, ou dont il avait entendu parler dans son enfance, avaient aussi laissé dans son âme une forte empreinte. Aujourd'hui que tout s'est démocratisé, ces hautes personnalités frappent moins; mais alors ces hommes qui revenaient de l'exil et qui reprenaient la lignée interrompue des Églises apparaissaient aux peuples avec une grande majesté. Celui qui devait les égaler et les dépasser plus tard par sa position et par ses services, parlait volontiers de M. de Boisgelin, de M. Champion de Cicé, et surtout de M. de Richery, qui occupa peu de temps ce siège illustre, mais qu'il semblait avoir plus particulièrement aimé. L'un des neveux de ce prélat, employé supérieur dans une des grandes administrations de Paris, était même resté assez lié avec lui, et il venait de temps en temps lui faire visite, soit à Tours, soit à Paris, quand les affaires du prélat l'y appelaient.

Il ne resta guère que deux ans au séminaire d'Aix. Vers le même temps, M. de Félix, qui connaissait beaucoup le père Guibert et l'employait à ses travaux, amena ce dernier aux environs de Marseille et lui donna à gérer une ferme assez considérable qu'il possédait au village de Saint-Menet.

M. Guibert père y attira naturellement toute sa famille. C'est là même que se maria sa seconde fille et que mourut son fils Fortuné de la fièvre typhoïde.

Le séminariste y venait naturellement passer les vacances, et, son livre d'études à la main, il aimait à aller se promener, racontait-il plus tard, sur les bords de la petite rivière de l'Huvone.

C'est lui qui assista à la mort son frère Fortuné, qu'il aimait beaucoup, et qui avait suivi aussi, soit à Aix, soit à Marseille, chez quelque prêtre de bonne volonté, quelques cours élémentaires de latinité, pour entrer, comme son aîné, au séminaire. Le cardinal, qui ne parlait que très rarement et très brièvement des siens et de ce qui le regardait personnellement, disait cependant dans l'intimité que ce jeune homme avait reçu de la Providence des dons très distingués. « Il avait plus d'esprit dans son petit doigt que moi dans toute ma personne. » Le bon cardinal se trompait sans doute; mais son témoignage n'en doit pas moins faire regretter la mort prématurée de cet enfant, alors même qu'il n'aurait fait que l'égaler.

La mort de ce jeune frère eut lieu, comme nous l'avons dit tout à l'heure, le 16 octobre 1826. Il était en ce moment maître d'études au collège royal de Marseille. Déjà depuis quatre ans, Joseph-Hippolyte avait fait connaissance avec M. l'abbé Eugène de Mazenod, qui venait de fonder les missionnaires de Provence, appelés postérieurement les oblats de Marie-Immaculée, et il s'était agrégé, au mois de novembre 1822, à cette société naissante dont il fut un des premiers membres avec les PP. Tempier, Courtès, Hermitte, Dupuis, Jeancard, mort plus tard évêque de Cérame.

C'est en effet en sa qualité d'oblat résidant à la maison du Calvaire, à Marseille, qu'il préside les obsèques de son frère et qu'il signe l'acte obituaire. Nous croyons même que, malgré son jeune âge, il y remplissait déjà les fonctions de maître des novices.

Cette vocation n'a rien qui puisse étonner dans une pareille nature. En outre de l'appel divin, il était prédisposé plus qu'un autre à la vie religieuse par le genre de son caractère et la forme de son éducation. La mort de son frère, survenue peu d'années après son admission, ne pouvait que le détacher davantage du monde et l'éclairer d'une manière plus lumineuse encore sur le néant des choses humaines.

L'abbé Guibert était donc entré chez les oblats, après avoir reçu les ordres mineurs au grand séminaire d'Aix ; et désormais sa vie, liée aux débuts de cette pieuse société, se confond avec les origines de son histoire.

Ce fut vers l'automne de 1823, un an après son entrée au noviciat, qu'il fit sa profession régulière. Le jeune profès fut attaché, n'étant encore que diacre, à la résidence que les missionnaires de Provence avaient fondée à Nîmes, et, tout en se formant à l'abnégation et à la piété, il catéchisait les pauvres et les enfants de la paroisse de Saint-Charles. Il fut ordonné prêtre à Marseille, le 14 août 1825, par l'oncle du fondateur de son institut, Mgr Fortuné de Mazenod. L'on trouvera, dans la lettre que Mgr l'évêque actuel de Marseille vient de publier sur la mort de cet illustre prince de l'Église, des détails fort édifiants sur cet événement capital dans la vie de notre jeune lévite.

Pendant ce temps-là, M. Guibert père et sa famille étaient retournés à Aix et avaient repris leur place dans la modeste maison du faubourg Saint-Jean. La mort du jeune Fortuné et le petit mouvement de leurs affaires domestiques les avaient tous reconduits au lieu d'où ils étaient partis, et ils continuaient à vivre humblement en travaillant.

De son côté, ordonné prêtre, le pieux missionnaire revint à Nîmes pour continuer les travaux apostoliques auxquels il s'était voué. Mgr l'évêque de Nîmes décrit très éloquemment cette première partie de la carrière du jeune oblat dans une lettre qu'il vient aussi de publier sur la mort précieuse devant Dieu et devant les hommes du cardinal-archevêque de Paris, et il nous le montre évangélisant successivement plusieurs paroisses des Cévennes. Il a oublié d'en mentionner une, celle de La Calmette.

Le P. Hermitte, l'un des vieux compagnons du P. Guibert, contait à ce propos une anecdote fort plaisante qui était arrivée à celui-ci avec un scieur de long que le zélé missionnaire voulait attirer aux exercices. A bout d'arguments, pour amener ce brave homme à venir entendre les prédicateurs, le P. Guibert avait fini par lui dire que s'il continuait sa vie toute matérielle, sans songer ni à son âme ni à Dieu, il vivrait comme les bêtes et mourrait comme elles. Le scieur de long, interloqué, n'avait d'abord su que répondre; mais, se ravisant tout à coup, il se mit à la poursuite des missionnaires, qui faisaient une petite promenade après leur dîner, et, frappant sur l'épaule du P. Guibert, il lui avait répliqué que lui aussi vivrait et mourrait d'une certaine manière, se servant d'un mot familier aux Marseillais et aux Provençaux, mais que l'Académie n'a point encore adopté et n'adoptera pas sans doute de longtemps. Nous ignorons comment est mort le scieur de long; mais à coup sûr son noble interlocuteur a vécu et est mort autrement qu'il ne l'avait prédit.

Cependant la petite congrégation des oblats prenait quelques développements. L'évêque de Gap lui ayant confié le pèlerinage de Notre-Dame-du-Laus, le P. Guibert fut désigné pour diriger cette maison : ce devait être vers 1828. Nous croyons que les supérieurs avaient adjoint à cette résidence le noviciat de la compagnie, en sorte que le jeune religieux fut à la fois supérieur et maître des novices. Il devait avoir alors vingt-six à vingt-sept ans, n'étant guère resté qu'un ou deux ans aux missions de Nîmes et autant à la maison du Calvaire à Marseille.

C'était ce qui lui convenait. Le P. Guibert était beaucoup plus fait pour le gouvernement et la direction que pour le ministère extérieur et le mouvement des œuvres. Son esprit réfléchi, mais un peu lent, sa parole sage, toujours sûre d'elle-même, mais manquant de cet entrain et de cette ardeur véhémente qui fait le succès des prédicateurs, semblait bien dire que tout autre devait être sa voie. Ajoutez à cela que ce jeune prêtre avait déjà une gravité, une respectabilité, comme diraient les Anglais, qui l'avaient mûri avant le temps et qui lui donnèrent de bonne heure ce je ne sais quoi de mesuré et d'autorisé qui indique les hommes faits pour conduire les autres.

Il alla donc à Notre-Dame-du-Laus, et il s'occupa avec une grande sollicitude de ce pèlerinage, que les souvenirs de la sœur Benoîte Rencurel ont rendu cher aux populations des Hautes-Alpes. Il s'appliqua en même temps à la formation de ses jeunes frères en religion. Un jour même qu'ils étaient à la promenade ensemble et qu'ils venaient de faire la lecture spirituelle sous un arbre, le P. Maître s'aperçut en se levant qu'un auditeur peu engageant s'était introduit dans la compagnie. C'était un gros serpent, qui s'était glissé jusqu'à la place même qu'il venait d'occuper d'une façon fort peu civile et tout à fait inopportune.

Le cardinal avait du reste conservé un précieux souvenir de son séjour dans les Alpes. Il aimait à en parler, à décrire à ses familiers les mœurs simples et chrétiennes de ces populations. Il ne manquait guère d'ailleurs d'assaisonner son récit de quelques-unes des naïves histoires que l'on attribuait au bon et saint Mgr Miollis, le frère du général de ce nom, qui avait longtemps gouverné les diocèses unis de Digne et de Gap, et avait laissé dans tout ce pays la réputation d'un homme simple sans doute, mais aussi d'un véritable homme de Dieu.

Le P. Guibert ne resta que quatre à cinq années à la résidence de Notre Dame-du-Laus. Il fut appelé, en 1833, à fonder et à diriger le grand séminaire d'Ajaccio. Il n'avait guère encore que trente et un ans; mais toujours cette gravité précoce qui a été son caractère distinctif amenait ses supérieurs à regarder de son côté et à lui confier les plus délicates missions.

Le vieil évêque d'Ajaccio, Mgr Sébastiani,

proche parent du maréchal de ce nom, venait de mourir. La Corse n'avait pas encore trouvé moyen de fonder son séminaire. Les clercs, élevés comme ils pouvaient par les prêtres de l'endroit, ou dans les séminaires de Gênes et de Pise, avaient conservé toutes les habitudes italiennes, et bon nombre ne parlaient pas même le français. Le gouvernement lui-même se préoccupait de cet état de choses.

A la mort de Mgr Sébastiani, il nomma pour lui succéder l'abbé Casanelli d'Istria, ancien camérier du cardinal d'Isoard, qu'il avait suivi à son archevêché d'Auch en qualité de grand vicaire.

Celui-ci, plus fait aux habitudes françaises et comprenant combien il était indispensable que cette grande île possédât un séminaire pour la formation du clergé, s'adressa à M. de Mazenod pour obtenir quelques-uns de ses religieux auxquels il pût confier le soin de cette œuvre capitale.

Le P. Guibert lui fut donc envoyé avec deux ou trois de ses compagnons. Mais il fut d'abord dépêché seul avec bien peu d'argent, cinquante francs qu'on lui avait remis, et il débarqua, si nous ne nous trompons pas, à Bastia. De là il s'achemina à travers l'île vers Ajaccio. Chemin faisant, contait-il avec cette bonhomie pleine de finesse qu'on lui connaissait, il dut s'arrêter dans une auberge et demander à coucher. Après un souper plus que frugal, il prie l'hôtelier de lui indiquer la chambre qu'il devait occuper. C'était jour de foire dans le pays. Celui-ci le conduit dans une vaste salle où étaient déjà étendus nombre de voyageurs et de rouliers à la suite les uns des autres, sur une espèce de lit de camp, comme on en voit dans les corps de garde. « Mais, lui dit le Père, où est donc mon lit? — Mais là! lui répond l'hôtelier tout étonné de sa question, à la file du dernier couché. » Le P. Guibert ne crut pas devoir obtempérer à l'invitation, et il passa la nuit comme il put sur une chaise sans s'aligner à la rangée.

Pendant les six ou sept ans que le P. Guibert séjourna à Ajaccio, il y produisit les plus grands fruits. Il fonda et meubla le grand séminaire, avec des ressources plus que modiques. Il prépara aussi la fondation du petit séminaire, aida l'évêque dans l'administration de son diocèse, travailla vigoureusement à la réforme du clergé et à l'établissement des missions pour les paroisses de l'île.

En même temps qu'il dirigeait la maison, il professait l'Écriture sainte, et confessait une partie de ce qu'on appelait la colonie française dans la ville d'Ajaccio.

L'établissement du grand séminaire de cette

ville amena le supérieur deux ou trois fois à Paris. Les voyages alors n'étaient point faciles. Les chemins de fer n'existaient pas, et le service des diligences était lent et fatigant.

Malgré tous ces inconvénients le jeune supérieur n'hésita point. Il vint une première fois et puis une seconde à Paris, pour le besoin de ses œuvres. Il voyageait en soutanelle et logeait au séminaire des Missions étrangères, dont il avait connu à Gap l'un des principaux directeurs, M. l'abbé Albrand. Nous savons qu'il édifiait profondément tout le personnel de la maison. Lui-même s'édifiait beaucoup en pareille compagnie, et il resta lié tant qu'ils vécurent de la façon la plus intime avec M. Langlois, M. Dubois, M. Tesson et les autres vénérables supérieurs ou directeurs de cet établissement.

Dans ces voyages, il avait fait la connaissance de M. Septime de Latour-Maubourg, ambassadeur de France près du saint-siège, du ministre Persil et de plusieurs autres membres du gouvernement.

Il vit aussi le roi Louis-Philippe, qui lui promit de lui faire allouer quinze mille francs qu'il demandait pour meubler le pauvre séminaire d'Ajaccio. A ce propos, le roi, qui avait l'esprit très pratique et qui aimait à le faire voir, lui fit énumérer les principaux objets religieux dont il avait besoin pour la chapelle. Le supérieur, un peu étonné, lui parlait de chasubles, de calices, etc., lorsque le roi, le complétant, se prit à lui dire : « Eh! mais, monsieur le Supérieur, il vous faut aussi des chandeliers, des dalmatiques! — Certainement, sire, si vous voulez bien nous faire donner de quoi les acheter. » Et les dalmatiques et les chandeliers furent joints aux autres objets accordés.

Le supérieur d'Ajaccio était très attaché au supérieur général de son modeste institut. Il n'ignorait pas que Mgr Eugène de Mazenod, son père spirituel, avait encouru la disgrâce du gouvernement de Juillet pour les opinions légitimistes qu'on lui supposait, et pour avoir accepté du saint-siège le titre d'évêque d'Icosie sans l'agrément du pouvoir. La conséquence de cette situation était le refus persévérant que faisait le gouvernement d'accepter Mgr Eugène de Mazenod comme coadjuteur de l'évêque de Marseille, son oncle, Mgr Fortuné de Mazenod, dont la vieillesse et les infirmités exigeaient ce secours et faisaient prévoir aussi la fin prochaine.

L'abbé Guibert entreprit de réconcilier son supérieur avec le gouvernement, et il y réussit. Il vit le roi, il vit les ministres, il écrivit à Mgr Eugène de Mazenod, qui était un saint prêtre, mais un esprit ardent et assez entier, de mettre un peu plus de tempérance dans ses rapports avec le pouvoir royal, et enfin il amena une réconciliation dont la conséquence fut l'acceptation du neveu comme coadjuteur de l'oncle à l'évêché de Marseille.

Le P. Guibert n'avait pas été sans faire remarquer dans toutes ces négociations la prudence de son caractère, la sagacité de son esprit et ce jugement sain et sûr qui a été, dans les dernières années de sa vie surtout, sa qualité maitresse. On prit note au ministère de ce prêtre, qui avait paru un homme de gouvernement supérieur et un négociateur accompli. De leur côté, M. de Latour-Maubourg et le préfet de la Corse, M. Jourdan, n'avaient pas manqué de signaler dans leurs rapports la haute estime en laquelle ils le tenaient.

Son élévation à l'épiscopat parut être résolue deux ou trois ans avant qu'il fût nommé à Viviers. L'évêché de Gap étant venu à vaquer par le transfert de Mgr Lacroix d'Azolette à l'archevêché d'Auch, le ministre des cultes écrivit à l'évêque d'Ajaccio pour lui faire connaître l'intention du roi de nommer l'abbé Guibert à ce siège. Celui-ci n'en sut rien. L'évêque Casanelli répondit que nul n'était plus digne que le supérieur de son séminaire d'être élevé à cette dignité; mais il ajouta qu'il en avait un besoin absolu et qu'il suppliait le gouvernement de le lui laisser encore deux ans, ce qui fut fait.

Vers le même temps, Mgr Gousset, évêque de Périgueux, venait d'être promu à Reims; il proposait quelqu'un pour le remplacer sur le siège de saint Front, qu'il avait peine à faire accepter par le ministre. Trouvant par hasard l'abbé Guibert au séminaire des Missions étrangères, au cours d'un de ses voyages pour les intérêts spirituels de la Corse, il fut si frappé de l'air de dignité et de la sagesse du supérieur d'Ajaccio, qu'il lui demanda de se laisser proposer pour son successeur. L'abbé Guibert refusa humblement, excipant de son indignité et de sa qualité de religieux qui le retenait dans une autre voie et une autre obéissance.

Quand les hommes de valeur ont été ainsi remarqués et appréciés par ceux qui ont qualité pour les introduire dans leur carrière, il est bien rare qu'on tarde longtemps à les appeler à ce à quoi la Providence les destine. Ainsi en fut-il de l'abbé Guibert. L'évêché de Viviers était vacant par la démission de Mgr Bonnel de la Barthe, ancien grand vicaire de Mende, que Mgr Frayssinous avait nommé à ce siège après Mgr Molin, un ancien docteur de Sorbonne, ami et rival de Mgr Fournier, évêque de Montpellier, qui n'avait fait que passer. Plusieurs sujets étaient sur les rangs : on parlait de M. l'abbé Dufêtre, de M. l'abbé Fayet, qui devinrent peu après, l'un évêque de Nevers, et l'autre évêque d'Orléans, de plusieurs autres encore.

Enfin le choix du gouvernement paraissait arrêté sur M. l'abbé Bonhomme-Lacombe, chanoine du Puy, fondateur du petit collège de Langogne, au diocèse de Mende, ami et ancien secrétaire de Mgr de Bonald. Ce prêtre, outre ses mérites personnels, était allié à la famille de M. Sauzet, successivement ministre des cultes et président de la chambre des députés. Cette nomination était attendue au *Moniteur*, et paraissait certaine, lorsqu'elle fut abandonnée, soit parce qu'on la jugeait insuffisante pour répondre aux besoins particuliers du diocèse de Viviers, soit plus probablement parce que l'abbé Bonhomme fut représenté, au dernier moment, comme un ami trop dévoué des jésuites, chez lesquels un de ses frères, que l'on appelait Bonhomme-Lacoste, avait essayé d'entrer.

Quoi qu'il en soit, l'abbé Guibert, supérieur du grand séminaire d'Ajaccio, fut nommé évêque de Viviers, par ordonnance royale du 30 juillet 1841 ; il n'avait guère que trente-huit ans et demi.

Les diverses notices qui ont déjà paru sur ce prélat ont raconté tout ce que sa modestie fit pour écarter ce fardeau; mais ce qu'on n'a pas dit, c'est l'état de pauvreté et de dénuement dans lequel vint le surprendre cette élévation. Religieux, il n'avait rien pour payer même les frais de son voyage sur le continent, et quand on vint à ranger ses quelques hardes dans sa malle, il racontait dans l'intimité que l'inventaire qu'on en fit avait constaté trois chemises, en comptant, bien entendu, celle qu'il portait sur le corps. C'était le bagage d'un soldat changeant de garnison, le trousseau d'un ouvrier partant pour son tour de France.

II

Après sa nomination et le règlement de ses affaires à Ajaccio, l'évêque de Viviers partit pour Paris en compagnie de l'abbé Bonnaud, son compatriote, avec lequel il avait lié connaissance pendant que celui-ci était secrétaire général de Mgr Casanelli, et qu'il venait de s'attacher en la même qualité. Ils furent, comme d'habitude, loger au séminaire des Missions étrangères, où ils attendirent pendant plus de six mois la tenue du Consistoire et la préconisation du nouvel élu.

Pendant ce temps-là, Mgr Guibert, qui avait peu de relations à Paris, et qui ne cherchait point à s'en faire, vivait presque inaperçu dans la retraite et la préparation de son futur ministère. Il prit occasion de ces loisirs un peu forcés pour se composer une bibliothèque assez étendue, où il fit entrer de très bons ouvrages et de très bonnes éditions, sans qu'on pût dire cependant que ce fussent des livres très rares ni très précieux. Tous les matins il allait dire sa messe au couvent de l'Abbaye-aux-Bois, dont la chapelle servait alors d'église paroissiale pour ce quartier, et nous nous souvenons d'avoir entendu dire aux vieilles sœurs de cette maison combien sa tenue grave et éminemment sacerdotale les avait saisies et édifiées. Il suivait aussi, les jours de dimanche ou de fête, les sermons des prédicateurs en renom, mais habituellement sans se faire connaître et sans sortir des places réservées aux simples prêtres ou aux fidèles.

Un vieux directeur du séminaire de Saint-Sulpice racontait un trait assez plaisant qui lui était arrivé en l'une de ces circonstances. Il était venu à l'église paroissiale de ce nom pour entendre un orateur célèbre, M. Combalot peut-être, et il s'était mis avec sa simple soutanelle dans le banc d'œuvre, sur l'indication ou l'invitation d'un des marguilliers. Au moment du sermon, les suisses arrivent, conduisant tout le clergé de la paroisse en habit de chœur et frappant solennellement, selon l'usage, le pavé avec leurs cannes. Voyant ce prêtre inconnu devant eux, les suisses lui intimèrent, assez lestement, l'ordre de partir et d'évacuer le banc de fabrique. Le pauvre prélat, tout honteux de s'être mépris sur une place qu'il croyait pouvoir occuper, s'apprêtait modestement à se retirer et cherchait timidement son chapeau pour s'en aller, lorsque quelqu'un, le reconnaissant, déclina son nom et sa qualité. Ce furent alors des excuses et des prières de rester où il était, ce qu'il accepta en s'excusant lui-même.

Après la réception de ses bulles, il fut se faire sacrer à Marseille. Cette cérémonie eut lieu le 11 mars 1843, dans l'église de Saint-Cannat, et le prélat consécrateur fut naturellement Mgr Eugène de Mazenod, son supérieur et père spirituel.

Plus tard, quand il sacrait lui-même les nouveaux évêques, qui sollicitaient volontiers de lui cette faveur, il aimait à rappeler que par son sacre il se rattachait à Pie VII, et il leur disait en souriant : « Oui, faites-vous consacrer par moi, vous serez sûr de l'être comme il faut, car je remonte, voyez-vous, à Pie VII; et quand on tient sa consécration du pape, on ne peut que se trouver dans les voies de la véritable hiérarchie. »

C'était parfaitement exact. Mgr de Mazenod, son consécrateur, avait été en effet sacré à Rome évêque d'Icosie par le cardinal Odescalchi, vicaire général de Grégoire XVI, assisté du cardinal Della Genga, qui fut depuis Léon XII, et d'un autre prélat également célèbre. Or le cardinal Odescalchi avait été sacré lui-même par Pie VII.

Peu de jours après sa consécration, le nouvel évêque s'achemina vers sa ville épiscopale et son nouveau diocèse. Il amenait avec lui, outre l'abbé Bonnaud, dont il avait fait son secrétaire général, M. l'abbé Bicheron, curé de Saint-Charles à Marseille, qui devait lui servir de grand vicaire. Son but en cela était de remplacer l'ancienne administration de Viviers, qu'on lui avait représentée, un peu trop peut-être, comme insuffisante, et de se donner un aide pour ses compositions littéraires. Mgr Guibert se défiait en effet de lui-même au début de son épiscopat, et se méprenait sur l'étendue et la puissance de ses facultés. Cet esprit que peu auront égalé en ce siècle dans l'art d'écrire sa langue, avait voulu se renforcer d'un homme qui passait pour avoir quelque littérature, alors que probablement il eût pu être son maître. L'abbé Bicheron demeura du reste peu de temps à Viviers ; il se retira à Aix, où il remplaça l'abbé Léon Sibour dans la chaire d'histoire à la faculté de théologie.

En arrivant à Viviers, le nouvel évêque songea tout d'abord à faire la visite générale du diocèse. Ce soin le tint occupé pendant les trois à quatre premières années de son ministère dans le Vivarais.

C'était au reste ce qui pressait le plus. Le diocèse de Viviers avait été uni, au concordat, à celui de Mende. En 1823 il avait repris son autonomie; mais des deux évêques qu'il avait eus depuis, l'un n'avait fait que passer, et l'autre, déjà vieux et infirme quand il était arrivé, n'avait pu que vaquer imparfaitement à ce devoir.

Le nouvel évêque, jeune et zélé, se mit immédiatement à l'œuvre; il parcourut toutes les montagnes et les profondes ravines du Vivarais avec un courage vraiment apostolique. La seconde année de son épiscopat, il resta plus de quarante jours à cheval sans discontinuer, et visita toute la partie haute de l'arrondissement de Largentière, au milieu des variations de la température, des pluies et des humidités du printemps. Il disait que pendant tout ce temps-là son manteau ni ses habits ne s'étaient jamais séchés. « Quand nous rentrâmes à Viviers, ajoutait-il, mes compagnons et moi, nous étions comme les Gabaonites, nos vêtements ne tenaient plus, ils avaient perdu leur forme et leur couleur. »

La foi et l'empressement des populations dédommagèrent bien en retour le jeune évêque de ses fatigues. Peu de diocèses étaient alors aussi religieux que le diocèse de Viviers. La pratique des sacrements était universelle, et le passage de l'évêque une fête qui mettait tout le monde en mouvement. Beaucoup de personnes n'en avaient jamais vu; un grand nombre d'adultes n'avaient même pas reçu la confirmation. On venait donc en foule au-devant de lui : gardes nationales, processions de tout genre, cavalcades, harangues, compliments de toute espèce, arcs de triomphe, illuminations, ces pauvres villageois mettaient tout en œuvre pour bien recevoir leur évêque et dépasser surtout les manifestations de la paroisse voisine.

Ce n'est pas précisément que Mgr Guibert fût ce qu'on appelle un homme populaire, une nature très ouverte ni d'un commerce très communicatif. Non, c'était le représentant de la religion que l'on venait voir. Ce qui frappait le plus en lui, c'était la dignité, la tenue, la réserve, une certaine austérité d'aspect qui sied bien à un homme en commerce habituel avec la divinité; il imposait plus de respect que d'entraînement; on se sentait recueilli en le voyant, beaucoup plus que séduit et enthousiasmé.

Le sentiment de la dignité épiscopale, telle fut toute sa vie du reste, et surtout au début de sa carrière épiscopale, l'une des qualités de Mgr Guibert. Il la porta au plus haut degré que ce sentiment puisse atteindre. « Celui-là est né prêtre, il est né évêque dès les entrailles de sa mère! » s'écriait un jour devant nous l'abbé Boullay, doyen du chapitre de Tours. C'était vrai. Peu de pontifes ont porté leur vocation avec un pareil sentiment des devoirs qu'elle impose, et peu se sont observés à ce point pour l'honorer et ne point la compromettre.

Ces premières visites n'étaient point sans rencontrer un certain nombre d'abus à corriger et un certain nombre de torts à redresser. Le jeune et vaillant prélat le faisait avec une grande sagesse et une grande bonté, quelquefois aussi avec énergie et fermeté. On cite encore dans plusieurs paroisses les réponses qu'il fit à certains maires et à certains administrateurs qui n'étaient pas en bonne harmonie avec leurs curés. « Attendez, monsieur le maire, dit-il un jour à un officier municipal qui s'apprêtait à le complimenter; attendez, j'ai appris que vous n'étiez pas bien avec votre pasteur : or quiconque n'aime pas son pasteur ne doit pas complimenter son seigneur. » Et le maire dut replier sa harangue. Cette parole fit le tour du diocèse et donna une grande idée du caractère de l'évêque.

Outre son zèle apostolique, ce qu'on admirait aussi en lui c'était son esprit de mortification et de sobriété : souffrant de l'estomac, comme il en a souffert durant toute sa vie, il mangeait peu et buvait encore moins; deux œufs, un peu de laitage, c'était souvent tout le menu de son repas. Cela désespérait les curés et surtout leurs cuisinières, qui s'étaient mis en grands frais pour le recevoir. Cela ne faisait pas non plus l'affaire des robustes montagnards qui étaient invités à la table du curé, et les malins disent que, en plus d'un endroit, on se remettait à table, et cette fois pour tout de bon, après le départ de l'évêque.

La cérémonie de la visite était longue. Le prélat arrivait la veille, et, après la réception solennelle, il se mettait aux écritures pour constater l'état matériel et moral de la paroisse. Le lendemain il disait la messe, où tout le monde voulait communier de sa main. Après cela il catéchisait les enfants et administrait la confirmation; il montait ensuite en chaire et donnait aux fidèles des avis opportuns. Sa parole était ordinairement posée, lente, réservée, mais elle ne manquait ni de grâce, ni parfois d'originalité. Il terminait par la bénédiction apostolique, la visite au cimetière et la bénédiction des petits enfants. Cette dernière cérémonie était recherchée avec avidité par les mères, auxquelles il adressait ordinairement quelques conseils pleins de sagesse et de paternité.

Ces voyages, un peu rudimentairement organisés, à travers les hauteurs et les ravins tourmentés du Vivarais avaient bien quelquefois leur côté comique, et le bon archevêque, sur son déclin, aimait à faire revivre quelqu'un de ses vieux souvenirs. Il est en effet à noter que Mgr Guibert resta toute sa vie évêque de Viviers, et que ni Tours ni Paris ne purent lui faire oublier ces premières années de son épiscopat.

Ainsi, par exemple, contait-il volontiers l'histoire d'un tambour de village qui, tapant de trop près derrière la mule que montait le grand vicaire qui l'accompagnait, ou quelque autre personne de sa suite, vit celle-ci lancer une ruade qui creva le tambour et projeta du même coup le malheureux qui le battait dans le ruisseau voisin. On s'empressa de le repêcher, et heureusement il n'eut aucun mal. Une autre fois, les enfants et les assistants serrant de trop près l'évêque, qui n'avait plus sa liberté, le curé de la paroisse administra un petit soufflet à l'un des jeunes garçons le plus à sa portée. « Eh ! mon bon curé, reprit l'évêque, regardez-moi, je suis trop jeune encore pour prendre un coadjuteur. Laissez-moi le soin de donner la confirmation. »

Ailleurs c'était un maire de village qui avait fait faire son compliment par le lettré de l'endroit. Celui-ci avait mis dans la pièce que le prélat arrivant excitait les sentiments les plus sympathiques de la paroisse. Le brave maire, qui ne comprenait pas ce grand mot, trompé par l'euphonie, crut que le faiseur du compliment voulait détrôner saint Martin patron de la paroisse, et, craignant la colère des paroissiens s'il leur faisait cet affront, il offrit à l'évêque les sentiments de *sainte Pathique* et de saint Martin. C'était en effet le moyen de mettre tout le monde d'accord.

Avec la réforme des paroisses, l'évêque de Viviers voulut aussi entreprendre la réforme du clergé. Sur ce point, il y avait peut-être moins à faire qu'il le pensait ou qu'on le lui avait suggéré. Le clergé du Vivarais, formé par la pieuse et modeste congrégation de Saint-Sulpice, avait alors à sa tête un homme admiré et universellement respecté, M. l'abbé Vernet, supérieur du grand séminaire. Ce prêtre estimable entre tous, que M. Duclaux, supérieur général de la compagnie, regardait comme son auxiliaire le plus capable et le plus entendu, gouvernait, on peut le dire, le diocèse depuis près d'un demi-siècle. Il avait sauvé les bâtiments de l'évêché et du séminaire pendant la révolution, et tout restauré en ce pays quand des jours meilleurs commencèrent à luire. On sait que c'est ce directeur sage et zélé qui avait été le guide et l'inspirateur de la vénérable mère Rivier dans la fondation de la grande congrégation de la Présentation de Marie au Bourg-Saint-Andéol.

Sur la fin de la vie de M. Vernet et de l'administration de Mgr Bonnel, quelque relâchement s'était cependant introduit. On signalait surtout certaines tendances où l'on croyait voir des tentatives de presbytérianisme, et que l'on disait partagées par les prêtres les plus considérables du pays et des environs. De ce nombre étaient M. Thouez, curé d'Aubenas, M. Fustier, curé de Saint-Félicien, et surtout les deux frères Allignol, desservants l'un et l'autre de deux petites paroisses sur les bords de l'Ardèche, dont on avait voulu les déplacer. Quelques écrits soutenant l'inamovibilité des desservants, ou la réclamant, avaient paru, et l'on ne peut nier qu'une certaine agitation ne régnât dans le diocèse.

A ce ferment de discorde, qui avait jeté un certain malaise dans les esprits pendant les dernières années de l'épiscopat de Mgr Bonnel, était venu se joindre un autre incident qui n'avait fait qu'accroître le désordre.

Le vieil évêque avait donné sa démission, et le chapitre avait nommé des vicaires capitulaires qui n'étaient pas dans le sens de son administration. Le curé de la cathédrale, M. Savin, et un autre chanoine, ami et compatriote de l'évêque, M. Delmas, attaquèrent ces nominations, sous le prétexte que le gouvernement n'avait pas notifié au chapitre la résignation de l'ancien évêque, et ils voulurent gouverner le diocèse en son nom, après s'être fait instituer grands vicaires par ce débonnaire prélat. Ce retour du vieil évêque sur ses résolutions premières, et cette nomination de nouveaux vicaires généraux à l'encontre de ceux du chapitre, produisit naturellement une grande confusion et jeta le diocèse dans un grand désarroi.

Ce fut sur ces entrefaites que le nouvel évêque fut nommé, et ce fut en cet état qu'il trouva les choses à son arrivée. On essaya de continuer l'agitation, qui n'avait que trop duré, sous le gouvernement du nouveau pasteur, et le curé de la cathédrale, M. l'abbé Savin, se signala en particulier par des manques de respect et de déférence envers lui qu'on ne devait point tolérer.

Mgr Guibert voulut, comme c'était son devoir, porter remède à tout cela. Après avoir reconstitué son administration avec des hommes nouveaux et s'être adjoint un jeune secrétaire de beaucoup de talent, M. l'abbé Ronchier, aujourd'hui doyen du chapitre, il essaya de réduire les prêtres qui lui paraissaient violer les règles de la paix et de l'orthodoxie. Il enleva les pouvoirs de curé de la cathédrale à M. Savin, et condamna par un mandement en forme les frères Allignol.

Tout rentra bientôt dans l'ordre; mais ces mesures prises peut-être avec une certaine verdeur, et un empressement jugé par plusieurs un peu excessif, apportèrent quelque malaise aux premières années de l'administration du nouvel évêque et lui attirèrent quelques désagréments. Il en eut la preuve en allant faire un voyage à Paris, sur le bateau à vapeur qui remontait la Saône, et cette preuve, tout en lui montrant les sentiments opposés de plusieurs, fit aussi éclater son humilité.

Un prêtre fort accort et fort délié, étant monté sur le bateau à Lyon, se mit à converser avec le prélat, comme on a coutume de le faire souvent en pareille circonstance. Ayant su par lui-même qu'il était du diocèse de Viviers, et ne le reconnaissant point sous son déguisement de simple prêtre, il se prit à critiquer assez vivement les procédés administratifs de l'évêque de l'endroit. Mgr Guibert écoutait son interlocuteur fort modestement et ne répondait guère grand'chose à ce qu'on lui disait. Le prêtre, qui était un homme d'esprit et qui a plus tard fourni une très honorable carrière, ayant appris cependant qui il était, vint un moment après lui faire ses excuses et lui demander pardon, ce que l'évêque accorda volontiers en souriant de sa méprise et de son embarras.

Le calme revint cependant bientôt. Les opposants, qui étaient au fond des prêtres qui manquaient plus de jugement que de vertu, se soumirent, et le reste de l'épiscopat de Mgr Guibert se passa dans les termes de la plus cordiale confiance avec son clergé. « Quel dommage, avons-nous entendu s'écrier un prêtre assez indépendant d'allures et de caractère, au moment de son transfert à Tours ; quel dommage qu'on nous enlève cet homme, au moment où il avait fait parmi nous son expérience et où il allait être parfait ! » Cette parole ne manquait ni de vérité ni de profondeur.

Une fois son diocèse réorganisé comme il le comprenait, l'évêque de Viviers s'occupa de l'administrer pour le plus grand bien des âmes et la plus grande sanctification de son peuple. Il revisa par lui ou par ses grands vicaires les constitutions des instituts religieux de femmes si nombreux dans ce diocèse, refit les statuts diocésains, donna un nouvel essor aux études de ses petits séminaires, dont il confia l'entière direction aux membres de la congrégation diocésaine de Saint-Basile, créa dans son grand séminaire la retraite générale des membres des conférences de Saint-Vincent-de-Paul, s'appliqua en un mot aux diverses œuvres qui attirent l'attention des pieux et saints évêques.

Après la révolution de 1848, quand les conciles reprirent en France leur cours suspendu par les entraves des anciens préjugés, il ne manqua pas d'assister au concile provincial d'Avignon. Là encore, sa sagesse, sa prudence, son opposition aux innovations éclatèrent aux yeux de tous, et il fut un des plus remarqués de tous ceux qui prirent part à cette assemblée.

Il eut occasion de voir, dans les réunions qui se tinrent en cette circonstance, les évêques, ses comprovinciaux, avec qui il était plus particulièrement lié, Mgr Cart, évêque de Nîmes, et Mgr Chatrousse, évêque de Valence. Ce dernier aimait beaucoup à le consulter, et, comme il n'était pas très éloigné de Viviers, il venait de temps en temps rendre visite à son collègue, qui le recevait toujours avec une grande affection et un grand respect.

Les évêques des diocèses environnants avaient aussi pour l'évêque de Viviers une grande vénération et une haute estime. Mgr Thibault, évêque de Montpellier, quoique très différent de nature, aimait le commerce de ce sage voisin, et le vieil évêque de Grenoble, Philibert de Bruillard, n'avait pas cru pouvoir se rendre à lui-même et à son diocèse un plus grand service qu'en proposant à Mgr Guibert de devenir son coadjuteur et son successeur.

Il se mêla beaucoup aussi aux discussions publiques du moment, et en particulier à la grande lutte touchant la liberté d'enseignement. On trouvera dans les registres de sa correspondance de l'époque des lettres fort remarquables adressées sur ce sujet soit au gouvernement, soit à d'autres personnages, soit au roi Louis-Philippe lui-même.

Par caractère il aimait ces questions, et il n'était pas fâché de prendre une certaine part à la vie publique de l'Église. N'ayant point fait des études assez approfondies pour devenir un savant philosophe, un théologien transcendant, ni un grand érudit ; d'autre part n'ayant point un tempérament d'homme d'œuvres ni d'orateur, il inclinait volontiers du côté où il se sentait porté et vers ce en quoi il réussissait, les affaires, leur conduite, les négociations qu'elles amènent et aussi, disons-le, les luttes qu'elles provoquent. Ces choses-là le trouvaient toujours en éveil, et il s'y mêlait volontiers.

C'est ainsi qu'il prit part, pour le régler et le maintenir, au mouvement de 1848 dans son diocèse. Les conservateurs ne parvenant pas à s'entendre pour faire une liste de députés, c'est lui qui les mit d'accord en arrêtant une liste qui donnait satisfaction à toutes les nuances du grand parti de l'ordre. Il y avait mis, pour représenter le clergé, M. l'abbé Léon Sibour, provençal comme lui, et depuis évêque titulaire de Tripoli, dont l'influence ne fut pas sans effet sur la nomination de son cousin, l'évêque de Digne, au siège de Paris, après la mort glorieuse de Mgr Affre sur les barricades.

C'est encore cet amour des affaires en discussion dans l'Église et dans l'État, et par-dessus tout, il faut bien le reconnaître, le souci de défendre des intérêts qu'il croyait mal servis, qui l'amenèrent à prendre parti l'un des premiers dans le différend qui survint dans l'épiscopat français à propos du journal *l'Univers*. Nous tenons de M. Melchior du Lac, l'un des plus éminents rédacteurs de cette feuille, que l'intervention de l'évêque de Viviers avait paru l'une des plus redoutables. Elle ne fournissait pas prise à un appel à Rome, parce que la lettre du prélat n'infligeait que des blâmes et ne donnait que des conseils de désaffection. Par la condamnation en forme du journal, Mgr Sibour précipita les choses et les fit aboutir à la lettre de Mgr Fioramonti, qui cherchait, au nom du pape Pie IX, à ramener la paix et à soutenir l'*Univers*, tout en donnant à ses rédacteurs les conseils opportuns.

En cette occasion du reste, nous lui avons

souvent entendu dire que son but n'avait point été de pousser à la suppression du journal, mais d'amener un amendement qu'il se plaisait à constater, et, malgré ce nuage passager, il était demeuré lecteur assidu de l'*Univers* et ami de ses rédacteurs.

D'autres affaires d'administration intérieure l'occupèrent aussi pendant cette période de quinze ans que dura son épiscopat à Viviers. Et toujours son esprit s'y portait avec un certain empressement et une prédilection marqués. Nous signalerons, parmi ces affaires qui l'occupèrent et le préoccupèrent le plus, la réorganisation de la congrégation des religieuses de la Retraite au Cénacle. Cet institut avait été fondé, en 1826, à la Louvesc par un saint missionnaire, le P. Terme, conjointement avec celui des sœurs de Saint-Régis d'Aubenas. L'évêque de Viviers dut intervenir pour bien fixer sa discipline, le but de ses œuvres et les conditions de son développement au dehors. Il le fit si bien que cette humble fondation est devenue l'une des plus florissantes congrégations de Paris et l'un des instituts de femmes les plus distingués de notre temps. Il ne s'occupa pas avec moins de soin de l'introduction de la cause de béatification de la vénérable Mère Marie Rivier, fondatrice de la congrégation des sœurs de la Présentation, à Bourg-Saint-Andéol. Il fit commencer et suivre les divers procès canoniques de cette cause avec un zèle actif et persévérant.

Il avait pour principaux collaborateurs dans toutes ces œuvres deux hommes également dévoués et capables, quoique d'un naturel différent. L'un était M. l'abbé Dabert, devenu plus tard évêque de Périgueux, et l'autre M. l'abbé Robert, évêque actuel de Marseille. Le premier était son vicaire général, le second son secrétaire particulier.

M. l'abbé Dabert appartenait à la compagnie de Saint-Sulpice, et M. de Courson, son supérieur général, tenait beaucoup à conserver un directeur qui, par l'éclat et la solidité de son enseignement, honorait et fortifiait son institut. De son côté l'évêque ne tenait pas moins à s'adjoindre ce collaborateur. Un moment l'on put croire que le débat entre le supérieur, qui voulait retenir son sujet, et le prélat, qui déclarait avoir grande utilité de ses services, prendrait quelque acuité. Mais la charité l'emporta; la compagnie concéda son professeur à l'évêque, et l'événement a montré qu'elle avait en cela rendu non seulement service au diocèse de Viviers, mais à l'Église de Périgueux et à la France catholique tout entière.

Dans ses luttes, comme dans son administration, Mgr Guibert se ressentait de l'esprit dans lequel il avait été élevé, comme à peu près tous les prélats de ce temps-là. Très dévoué à Rome et à ses droits, au point qu'il répétait souvent qu'il était le premier en France avec Mgr de Mazenod à avoir introduit dans l'enseignement de leur commune congrégation les ouvrages et les doctrines de saint Liguori, il tenait cependant pour les vieux usages et la vieille discipline française. Il aimait la liturgie viennoise, qui n'était autre chose que la liturgie parisienne, en usage dans son diocèse, et il ne se montrait pas pressé autant que d'autres à la quitter. Chose étrange, c'est lui qui pourtant introduisit la liturgie romaine dans les trois diocèses qu'il administra successivement. Son obéissance et son respect pour le saint-siège l'emportaient toujours en définitive sur toutes ses préférences personnelles. Il était attaché également aux vieux auteurs de nos séminaires. Il fit même des observations à Rome, qui furent vues avec quelque défaveur, quand il fut question de mettre la théologie de Bailly à l'index ; mais, dès que l'autorité qui a reçu mission de confirmer les autres avait parlé, personne n'était plus docile et plus humblement soumis.

Cet esprit était un esprit traditionnel et ennemi des nouveautés. Il s'inquiétait de ces divers mouvements qui partaient d'en bas pour essayer de peser en haut. Il craignait de voir succomber le vieux respect sous les apparences d'une orthodoxie dont plusieurs cherchaient peut-être à se faire un moyen d'opposition plus que d'édification. Ce tempérament judicieux et respectueux de ce qui lui paraissait bon trouvait qu'on allait trop vite dans les réformes; il regrettait ce qu'on semblait rejeter, par crainte de ne pas trouver les mêmes qualités dans ce qu'on voulait substituer.

Le dernier grand acte de son épiscopat à Viviers fut le transfert du petit séminaire du Bourg-Saint-Andéol à Aubenas et la construction des nouveaux bâtiments qui devaient abriter ses élèves. Ce travail lui coûta quatre à cinq ans de sollicitudes et de préoccupations. Il s'était mis à cette œuvre tout entier, et il faisait de fréquents voyages dans cette ville pour tout préparer et diriger. Lui-même était en effet l'architecte et l'entrepreneur de cette nouvelle maison, dont il aimait beaucoup à décrire les plans et les dimensions à ses visiteurs et à ceux qui l'entouraient.

Sa nominatien à l'archevêché de Tours le surprit à la fin de ces travaux, et c'est en quittant Viviers qu'il en fit le dernier règlement.

On sait que cette nomination, datée du 4 février 1857, était la conséquence de la translation du cardinal Morlot à Paris, qui succédait à Mgr Sibour, sacrilègement assassiné le 7 janvier précédent à Saint-Étienne-du-Mont, en pleines fonctions pontificales.

On lui avait d'abord offert le siège d'Aix, qu'il refusa précisément parce qu'il crut ne pas pouvoir être prophète dans son pays. Ce que l'on sait moins, c'est que déjà à ce moment-là il fut question de le transférer à Paris. M. l'abbé Buquet, vicaire capitulaire et peu après évêque titulaire de Parium, qui connaissait et estimait particulièrement l'évêque de Viviers, avait fait, nous le savons, des ouvertures en ce sens au ministre des cultes Rouland, aussi bien que Mgr Léon Sibour, évêque de Tripoli, qui venait d'être frappé de paralysie à l'archevêché, presque au même moment où l'on y apportait le corps de son cousin lâchement assassiné. L'empereur, qui voulait avoir un cardinal pour grand aumônier, inclina du côté de Mgr Morlot, et Mgr Guibert fut envoyé à Tours pour le remplacer.

A propos de l'empereur, l'évêque de Viviers avait eu l'occasion de le voir deux ou trois fois pendant son épiscopat de Viviers. On était encore dans les bons jours, et les querelles du sacerdoce avec l'empire n'avaient pas éclaté. La dernière fois que Mgr Guibert l'avait vu en particulier c'était à l'occasion du baptême du prince impérial. On devait donner un titre de sénateur à un ancien évêque, et le gouvernement penchait pour cette faveur vers Mgr Parisis, évêque d'Arras, qu'il n'aurait pas été fâché de se rattacher par cette distinction. L'évêque de Viviers fit valoir les droits de Mgr de Mazenod, son ancien supérieur, qui était le doyen de l'épiscopat à ce moment, et ses observations eurent plein effet. L'évêque de Marseille fut nommé sénateur, et peu d'années après proposé pour le chapeau ; mais arriva la guerre d'Italie et l'invasion des États pontificaux, et, en attendant la robe cardinalice, la mort se chargea de lui envoyer un suaire.

III

Ce fut le 4 mai 1857, dans la soirée, que le nouvel archevêque de Tours partit de Paris pour aller occuper son nouveau siège. Quelques jours auparavant il en avait fait prendre possession officielle par M. l'abbé Besnard, premier vicaire général. Il était accompagné d'un jeune prêtre originaire du diocèse de Viviers, M. l'abbé Bourret, qu'il avait trouvé dans les études à Paris, et qu'il amenait en qualité de secrétaire particulier. C'est le même qui devint, cinq ans après, professeur de droit ecclésiastique à la Sorbonne et plus tard évêque de Rodez. Avec l'abbé Bonnaud, qui le suivait encore de Viviers, en qualité de secrétaire général et d'économe de sa maison, c'était là toute la famille intime du prélat. Il conserva les grands vicaires du cardinal Morlot. Mais peu après, il fit l'un d'eux, M. l'abbé Genty, curé de la cathédrale, et appela le secrétaire général, M. Vincent, à le remplacer.

Il fut reçu le lendemain de son arrivée dans sa cathédrale en grande pompe. Toutes les autorités civiles et militaires étaient sur pied, et la ville de Tours avait pris ses grands airs de fête. Le doyen du chapitre, M. l'abbé Boullay, prêtre fort distingué qui avait refusé en 1848 l'évêché de Troyes, le complimenta et lui demanda, selon l'usage de cette illustre Église, si son entrée était pacifique. *Pacificusne est ingressus tuus?* On remarqua en souriant que le prélat n'avait rien répondu.

Pendant la procession qui le conduisait solennellement à son église, tout le monde s'exclamait sur cet air grave et respectable qu'il portait sur sa figure et sur cette tenue pleine de dignité qui était la sienne. Il est certain que sous les habits pontificaux Mgr Guibert avait le plus grand air. Ses traits allongés, maigres et coupés de hachures austères, lui donnaient la physionomie d'un de ces saints évêques qu'on voit peints sur les vitraux des cathédrales; quelque chose de saint Gatien, de saint Germain ou de saint Martin. Cette remarque a été souvent faite, et elle était pleinement justifiée.

La pâleur de son visage était encore plus marquée ce jour-là que d'habitude. La cause en venait d'une sorte d'empoisonnement que lui et les autres convives avaient éprouvé deux ou trois jours auparavant chez le cardinal Morlot, dans un dîner que cette Éminence avait donné à plusieurs de ses collègues présents à Paris, et nouvellement promus, avant leur départ pour leurs Églises. Des glaces refroidies dans des vases de cuivre avaient été servies, et tout le monde fut indisposé. Le nouvel archevêque d'Aix, Mgr Chalendon, le fut particulièrement. L'archevêque de Tours, logé en ce moment à l'hôtel du Bon-la-Fontaine, le fut assez gravement pour ne pouvoir se lever, ni aller donner la confirmation dans une paroisse où le cardinal Morlot, indisposé lui-même, ne pouvait se rendre. Cet accident, qui n'eut pas de suites fâcheuses, avait cependant assez défait l'archevêque pour que cette fois il ressemblât à saint Basile revenant du désert.

Son intronisation fut des plus brillantes, et l'on augura bien de cet épiscopat.

Après les visites officielles et les premières salutations, le nouvel archevêque se mit à l'œuvre et voulut entrer en connaissance avec son diocèse.

Ce qui attira tout d'abord son attention, ce fut l'état financier que lui laissait l'administration précédente. Il n'était pas satisfaisant. Des dettes considérables grevaient les divers établissements ecclésiastiques, entre autres le petit séminaire de Tours, et les ressources pour les payer étaient insuffisantes.

Mgr Guibert prit alors une grande résolution. Il ferma pendant un an le petit séminaire, et ouvrit une souscription pour payer les dettes de cette maison, qui rapporta soixante à quatre-vingt mille francs. Divers autres moyens furent recherchés pour éteindre le reste de ce grand passif. On songea un moment, paraît-il, à faire l'archevêque sénateur pour lui donner des ressources plus abondantes; on s'arrêta ensuite à l'idée d'accorder des secours personnels aux professeurs du petit séminaire, et d'augmenter les bourses du grand séminaire. Le cardinal Morlot se montra de son côté extrêmement généreux pour faciliter une liquidation qui engageait un peu sa responsabilité; on vint enfin à bout de solder les dettes. Mgr Guibert prit les moyens opportuns pour ne point en laisser faire de nouvelles.

Cette opération, qui fut faite d'une main rigoureuse, un peu trop rigoureuse peut-être, donna une grande idée du caractère et de l'esprit d'ordre du nouvel arrivé. Les Tourangeaux, gracieux et doux, s'étonnaient quelque peu de ces formes résolues qui sentaient dans leur nouvel archevêque l'homme d'affaires;

mais, au fond, les personnes sages et sensées étaient bien aises de voir les établissements ecclésiastiques sortir d'une gêne qui nuisait à leur bonne tenue et à leur considération. « Celui-là vous apprendra à compter, » s'écriait un jour le cardinal Donnet dans une des principales maisons de la ville de Tours, où il était en visite; et, en effet, il apprit cette science à ceux qui ne l'avaient point eue suffisamment dans l'intérêt de ces établissements.

A la réouverture du petit séminaire, Mgr Guibert en confia la direction aux prêtres de la Mission, vulgairement appelés lazaristes, qui avaient déjà l'administration du grand séminaire. Le jeune supérieur de l'établissement, le pieux abbé Janvier, reprit sa stalle au chapitre, et consacra son temps à l'étude et à la prière, se préparant ainsi, sans le savoir, à continuer l'œuvre de la réparation et du culte de la sainte Face, inauguré par M. Dupont.

Peu de temps après, il supprima aussi le collège de Loches, parce que cet établissement était une charge pour le diocèse. En cela ne fut-il peut-être pas très bien inspiré, car le recrutement du clergé, déjà difficile en Touraine, ne pouvait que le devenir davantage par la fermeture successive de tous les lieux où il pouvait s'élever.

Après avoir terminé la liquidation des dettes diocésaines, Mgr Guibert commença la visite générale du diocèse, ce qui l'occupa les quatre ou cinq premières années de son épiscopat à Tours. Ici les conditions de vie et de voyage étaient toutes différentes de celles de Viviers. On était dans un pays riant et fertile, d'un parcours des plus faciles, percé par de bonnes routes et déjà pourvu de plusieurs lignes de chemin de fer. Les fatigues matérielles en étaient diminuées d'autant.

Accompagné de ses grands vicaires, qui se succédaient alternativement, et de son secrétaire, l'archevêque visita, l'une après l'autre, toutes les paroisses, prêchant partout, confirmant les enfants et renouvelant tous les actes de zèle et de vigilance qui avaient déjà signalé son passage à Viviers. En Touraine, l'on n'arrivait pas le soir, dans les paroisses, mais le matin; on logeait habituellement dans les châteaux ou dans les demeures des personnes aisées de l'endroit, en sorte que l'archevêque se mettait forcément en relation avec toute cette société distinguée qui peuple le pays.

Il y faisait fort bonne figure, et quoique lui-même fût issu d'une famille ordinaire, à voir son tact, sa tenue, sa bonne éducation, sa réserve, on aurait pu demander plus d'une fois quel était le plus grand seigneur et l'homme du meilleur monde, ou du petit-fils du marchand de laine, ou du comte et du marquis qui le recevait.

Il imposait autour de lui, du reste, le plus grand respect, et jamais en sa présence la conversation ne s'égarait en quoi que ce soit au delà des limites de la charité et du bon goût, comme aussi jamais toilette mondaine ou trop peu décente n'aurait osé paraître devant lui.

Il était si exigeant sur ce point qu'un jour, dans une des principales villes des bords de la Loire, quelques jeunes filles qui devaient recevoir la confirmation s'étant présentées dans une tenue qui lui paraissait trop peu sévère, il témoigna la volonté de ne point les admettre à la cérémonie. Le curé, effrayé et craignant que cette résolution ne le mît mal avec les familles de ces enfants, fut trouver l'un des prêtres qui accompagnaient le prélat et le pria d'intervenir pour qu'il adoucît un peu ses dispositions. Celui-ci, pour obliger son confrère, essaya timidement quelques observations, et plaida les circonstances atténuantes. Il fut mal reçu. L'archevêque cependant confirma les enfants, mais non sans donner une bonne admonestation aux mères de famille qui les avaient ainsi habillées, leur disant, ce qu'on a répété souvent avec ou après lui, qu'elles auraient besoin pour se couvrir de l'autre moitié du manteau de saint Martin.

Une autre fois, dans une paroisse des bords du Cher, peu chrétienne, hélas! et peu pratiquante, il apprit que plusieurs jeunes filles avaient dansé, dans le lieu public qu'on appelle dans ce pays l'*assemblée*, le jour même de la confirmation. Avant de partir, il fit des reproches amers à la population sur ce manque de tenue et de respect des choses saintes.

Il arriva même à ce propos un plaisant quiproquo. L'archevêque ayant dit que ces jeunes filles s'étaient livrées à des danses échevelées, celles-ci furent trouver le curé pour s'excuser, et, comprenant mal le mot dont s'était servi le prélat, elles lui affirmèrent toutes qu'aucune d'elles n'avait dansé en cheveux, et que tout au contraire elles avaient eu soin de garder leurs bonnets.

Cette visite générale amena les plus heureux résultats. Les populations tourangelles, un peu indifférentes en matière de religion, se réveillèrent; de bonnes écoles se fondèrent, les églises se reconstruisirent ou se réparèrent dans toutes les règles de l'art. La Touraine est d'ailleurs le pays des archéologues distingués, et, dans ce moment-là surtout, elle se glorifiait de posséder l'abbé Bourassé et plusieurs autres antiquaires qui se sont fait un nom dans cette partie de la science.

Il en était résulté naturellement des liaisons très cordiales avec les grandes familles du diocèse. A Tours, en particulier, l'archevêque était dans les meilleurs termes avec les MM. Mame, ses imprimeurs, les familles Lobin, Roze, des Francs, Viot, de Galembert, et son cher docteur Duclos, avec qui il aimait à converser le soir sur les questions à l'ordre du jour.

En dehors de la ville, il avait surtout lié connaissance et amitié avec les Beaumont, les Mondragon, les Puységur, les Quinemont, les Bridieu, les de la Villarmois et le bon vieux marquis d'Effiat, l'un des plus grands chrétiens qu'il y eût en Touraine. Nous parlerons un peu plus bas du saint homme de Tours, le vénérable M. Dupont, qu'il aimait beaucoup, mais avec lequel il n'était pas toujours complètement d'accord.

Une des résolutions que Mgr Guibert avait apportées à Tours, c'était le rétablissement du culte et de la dévotion envers le glorieux saint Martin. Il s'étonnait avec raison que le grand thaumaturge des Gaules n'eût pas même une chapelle dans la ville qu'il avait illustrée de son nom et de ses miracles, depuis la destruction, vers 1806, de la basilique qui lui était consacrée.

Il cherchait les moyens de rétablir cette grande mémoire, quand les circonstances le servirent au delà de ses espérances. Quelques chrétiens fervents de la ville épiscopale s'étaient formés en comité pour rechercher le tombeau de saint Martin et examiner ce que l'on pourrait faire pour la restauration de son culte. Ces chrétiens étaient M. l'ingénieur Ratel, homme des plus distingués par son savoir professionnel et sa piété, M. Pèdre Moisant, quelques autres dont le nom m'échappe, et le vénéré M. Dupont.

Sur les indications de M. Ratel, le tombeau fut retrouvé au point même où on le cherchait, et grande fut l'allégresse de tous les catholiques en apprenant cette heureuse nouvelle.

L'archevêque fut plus réjoui que personne de cette découverte qui devenait une des gloires de son pontificat. Il s'occupa dès lors de cette œuvre avec une préoccupation presque exclusive et une jalouse persévérance. Quand la conversation languissait autour de lui, on n'avait qu'à le mettre sur le chapitre de saint Martin, et soudain sa physionomie s'illuminait et sa parole reprenait sa vivacité. Il redisait souvent la même chose; mais il la redisait si bien qu'on ne le trouvait point fastidieux.

Ainsi en avait-il été de ses dernières années à Viviers. Quand on voulait le faire parler et le remettre en verve, on n'avait qu'à attirer la conversation sur le petit séminaire d'Aubenas, et aussitôt on avait un homme en train et causant avec abondance.

Que voulait-il faire à Saint-Martin, et quels étaient ses projets? Il ne le savait pas bien. D'abord, comme tous les hommes qui sont fortement saisis d'une idée, il dépassa le but et s'enfla l'imagination. Un moment il crut que la France entière allait se lever pour faire une immense souscription et relever Saint-Martin, comme si déjà il avait eu le pressentiment de ce qui devait arriver pour le Sacré-Cœur de Montmartre. Un instant il eut peur aussi que le gouvernement ne voulût s'emparer de l'idée et faire tourner à son profit l'influence qui pouvait résulter de cette découverte et de cette reconstruction.

Nous avons dit qu'il était jaloux de cette œuvre, et c'est vrai. Un jour qu'un de ses familiers lui disait que Mme Tonnellé, une riche veuve qui avait perdu un fils de grande espérance, pourrait bien donner sa fortune, évaluée à plusieurs millions, pour rebâtir Saint-Martin, il eut comme peur de cette perspective et craignit que la direction de cette restauration ne lui échappât.

Cependant, là comme au Sacré-Cœur de Montmartre, il fut plus David que Salomon.

Il assembla les matériaux, ramassa de l'argent, acheta les maisons que l'on avait bâties sur le périmètre de l'ancienne église et il attendit les événements. Peut-être aussi manqua-t-il l'occasion de refaire l'œuvre de ses devanciers. On était encore en paix dans l'Église avec l'empire. Il fallait faire ériger une petite paroisse dans les environs de Saint-Martin. On eût décrété facilement alors l'expropriation de la rue qui traverse l'ancienne basilique; personne n'eût fait opposition, et l'église serait aujourd'hui reconstruite dans ses antiques proportions.

Cela lui fut suggéré. Mais le conseil, jugé peut-être irréalisable, ne fut pas suivi. Cet esprit, long à délibérer, s'attardait quelquefois dans la discussion et le préambule des affaires. Nature méridionale et assez prompte parfois, il paraissait manquer d'audace et de décision dans certaines circonstances où il aurait fallu déployer de la hardiesse et une résolution supérieure.

Quoi qu'il en soit, il semble bien qu'il ait voulu d'abord se borner à une église ou chapelle réduite sur l'emplacement qui avoisine la rue Descartes. Il parlait alors d'un édifice de cinq à six cent mille francs et il citait encore la cathédrale de Valence comme un type à imiter ou à reproduire.

Plus tard, quand l'idée d'une reconstruction totale sur les fondements de l'ancien édifice eut fait du chemin et que les ressources furent devenues relativement abondantes, il semble bien s'être rangé à l'idée populaire dans ce moment de la réédification de l'ancienne basilique. Mais, devant les progrès de l'esprit de révolution, le mauvais vouloir du conseil municipal et les autres difficultés qui survinrent, il paraissait être revenu à la pensée d'un bâtiment restreint, crainte de ne pouvoir rétablir l'ancien monument.

En tout cas, la dévotion à saint Martin fut restaurée si son temple ne le fut pas. Autour de la chapelle provisoire s'établit un courant de piété qui devint bientôt un vrai pèlerinage. Il y mit d'abord le jeune abbé de Beaumont pour la desservir; mais la mort ayant emporté trop tôt ce jeune prêtre, il y appela les oblats pour le remplacer. C'est alors que fut créée cette neuvaine préparatoire à la fête de saint Martin, qui attira des foules nombreuses et ce que l'Église de France comptait de plus illustre dans l'ordre ecclésiastique. Là prêchèrent Mgr Pie, l'évêque de Tulle, Mgr Berthaud, esprit aussi original que cœur bon, le P. Félix, le P. Hyacinthe, le P. Lavigne, Mgr Mermillod, le séduisant évêque de Genève, et tout ce qui marquait alors dans la dignité ou dans le talent. Ce fut une œuvre bien établie, et, grâce à Dieu, elle subsiste encore aujourd'hui dans tout son éclat.

Cependant la renommée de l'archevêque allait en grandissant; on le consultait et on venait le visiter de divers côtés. Le saint-père Pie IX était bien aise d'avoir sa pensée sur les événements où l'Église se trouvait engagée, et l'on vit arriver plusieurs fois à Tours le célèbre auditeur de rote Nardi, aussi bien que Mgr Bartolini, devenu depuis cardinal.

Ceux de ses collègues qui venaient le visiter le plus souvent et chez lesquels il allait volontiers, étaient Mgr Angebault, évêque d'Angers, qui avait pour le cardinal un attrait particulier, et Mgr Jaquemet, évêque de Nantes, qu'une certaine similitude d'idées et de caractère lui avait rattaché.

C'est dans ces échanges de visites entre Nantes et Tours qu'il fit la connaissance du pieux abbé Richard, pour lequel il se prit d'une vive affection, et qu'il avait voulu d'abord faire nommer évêque de la première de ces villes avant d'en faire son coadjuteur et son successeur.

Mgr Landriot, évêque de la Rochelle, venait aussi, et l'archevêque fut le voir une ou deux fois. Ce jeune prélat avait beaucoup de talent, et les succès qu'il avait eus dans la querelle des classiques le portaient volontiers, dans les premiers temps de son épiscopat, à s'occuper des autres questions qui s'agitaient alors en sens divers dans la presse catholique. L'archevêque, plus âgé, et peut-être un peu plus expérimenté que son jeune collègue, lui donnait des conseils dont celui-ci éprouva plus d'une fois la sagesse. Il aimait d'ailleurs ce prélat, et, à la mort de Mgr de Mazenod, il l'avait décidé à accepter l'évêché de Marseille, qui fut donné à l'abbé Cruice, sur le retard qu'avait mis sa lettre d'acceptation à arriver au ministère, par suite d'une absence, lorsque l'abbé Deguerry eut décliné sa nomination à ce siège.

L'évêque de Marseille venait aussi pendant les sessions du sénat. Celui-là était chez lui, étant chez son fils spirituel. Il le tutoyait et semblait conserver toujours sur l'archevêque les droits de son ancienne supériorité. Mais au fond il avait pour lui un grand respect et subissait toute son influence.

On parlait beaucoup alors de Marseille et de la Provence. Cette ville et ses splendeurs desservaient la conversation. C'étaient les beaux jours de Mirès, et Marseille ne rêvait rien moins que de devenir Athènes et Tyr tout à la fois. Son évêque épousait plus que les autres la cause de ses grandeurs et de ses espérances, tellement qu'un soir à dîner, un des familiers ayant eu l'air de sourire, et ayant sans doute fait quelque allusion à la Cannebière, se vit relever de la plus belle manière par le prélat marseillais, qui ne pouvait pas entendre dire le fameux mot que l'on sait, sans protester de toutes ses forces et proclamer qu'il n'y avait qu'un imbécile qui eût pu inventer cette niaiserie.

Par intervalles on voyait encore arriver l'évêque d'Orléans, Mgr Dupanloup, avec cet air un peu mystérieux et préoccupé qu'on lui connaissait. Sa venue coïncidait presque toujours avec quelque débat public où il s'agissait de prendre parti, et il n'était pas fâché d'attirer à sa suite l'archevêque de Tours. Celui-ci, bien que se livrant peu et ne suivant guère, en affaires contentieuses, que sa propre direction, subissait cependant d'une certaine manière l'influence de son collègue. Quoique de natures différentes, pour ne pas dire opposées, ils se rencontraient sur le terrain des affaires et de la direction à leur imprimer, chose qui était dans le caractère des deux comme dans leurs moyens.

Le prélat qui, pendant les premières années de l'épiscopat de Mgr Guibert à Tours, fit les plus longs séjours à l'archevêché, fut Mgr Léon Sibour, ancien auxiliaire de l'archevêque de

Paris et auparavant député de l'Ardèche. Cet évêque, encore jeune, était tombé en paralysie au moment même où son cousin était assassiné, et il avait dû se retirer à Aix, dans son pays natal, avec la pension de chanoine de Saint-Denis que lui servait le gouvernement. Il venait passer l'automne à Tours avec sa sœur et la religieuse qui le soignait. L'archevêque était plein de bontés pour lui. Il s'était constitué son aumônier et presque son infirmier, lui disait la messe le matin dans sa chambre, lui tenait compagnie pendant la journée, l'envoyait tous les jours à la promenade avec un de ses secrétaires, et l'entourait de tous les soins que peut suggérer la charité la plus délicate.

Celui-ci, en retour, malgré son infirmité, payait l'hospitalité qu'il recevait par un grand tribut de reconnaissance envers son ami. Léon Sibour avait été un bel esprit dans son temps, et, malgré les ravages de la maladie, son commerce était encore agréable. Quand M. Poujoulat surtout arrivait, la vieille vie provençale reprenait ses droits à l'archevêché. Les histoires du pays étaient racontées, et l'archevêque n'était pas toujours le dernier à dire la moins curieuse ni la moins spirituelle.

Plus tard l'évêque de Cérame le remplaça auprès de leur commun ami. Ce bon Mgr Jeancard était un ancien oblat et le grand vicaire de cœur de Mgr de Mazenod, qui en avait fait son auxiliaire. Il avait un accent provençal des plus prononcés; mais c'était un vieil ami et un vieux compagnon du P. Guibert d'autrefois, et il vint, à la mort de leur commun maître, se retirer de longs mois auprès de celui de ses disciples qui le lui rappelait davantage.

Les principaux membres de la congrégation naissante de l'Oratoire venaient aussi assez fréquemment voir l'illustre archevêque. Ils avaient été attirés en Touraine par cette riche dame Tonnellé, que nous avons nommée plus haut, et qui avait donné à l'un d'eux la belle campagne qu'elle habitait sur les côteaux de la Loire, en souvenir de son fils. Ainsi fit-il la connaissance du vénérable P. Pététot, du P. Gratry, du P. Lescœur et du P. Adolphe Perraud, qu'il devait consacrer plus tard évêque d'Autun, et à qui est échu l'honneur de louer publiquement la mémoire du grand archevêque, dont il reçut, comme beaucoup d'autres, le caractère épiscopal.

Ceux qui ne pouvaient pas le voir lui écrivaient. Ainsi correspondit-il avec M. l'abbé Baudry, célèbre professeur de Saint-Sulpice, qui fut nommé à l'évêché de Périgueux. Tout en rendant hommage aux grandes qualités de cet ecclésiastique, Mgr Guibert n'était pas d'avis qu'on l'élevât à cette dignité. Il estimait en effet qu'un religieux doit vivre dans sa communauté pour ne point affaiblir en lui-même l'esprit d'humilité et d'obéissance, et pour ne point priver la congrégation où il est engagé des hommes capables de la soutenir et de l'honorer. Il avait bien agi contrairement à cette maxime lors de la nomination de son grand vicaire à Viviers; mais l'objet n'était pas le même, et peut-être aussi en avait-il compris la justesse et voulait-il y revenir.

Il était pareillement en correspondance avec l'abbé Maret, devenu depuis évêque de Sura et archevêque de Lépante. Il n'approuvait pas toutes ses idées ni tous ses procédés; mais il ne pouvait pas s'empêcher de rendre hommage à sa piété et à la dignité de son caractère. Dans une polémique que ce savant doyen de la Sorbonne eut avec dom Guéranger, il prit l'archevêque de Tours pour conseil et il se trouva bien de la direction qu'il en reçut. Un peu plus tard, celui-ci lui écrivit pour lui faire des reproches sur un article inséré dans le *Moniteur des communes,* sur les affaires de Rome, dont on l'accusait d'être l'auteur; mais l'abbé Maret se défendit de l'avoir écrit et en donna la preuve, ce qui lui valut la continuation de l'estime et de l'amitié du prélat.

Mgr Guibert était à ce moment fort en vue, et les laïques eux-mêmes n'étaient pas fâchés d'avoir des rapports avec lui. Du ministère, M. de Berty et M. Hamille venaient le voir quelquefois; M. de Falloux, les jeunes Mercier de Lacombe, le duc Decazes et nombre de personnages distingués, tels que la Touraine en voyait beaucoup en villégiature, ne manquaient pas de faire visite à l'archevêque quand l'occasion s'en présentait.

Sur les conseils de l'évêque d'Orléans, il prit aussi quelque part à la reconstitution de l'*Ami de la religion;* il vit ses rédacteurs, et en particulier l'abbé Sisson. Cela ne l'empêchait pas de lire avec persévérance l'*Univers* et de continuer ses relations avec cette dernière feuille. Il fit reproche à quelqu'un de la rédaction du premier de ces journaux de ce qu'on s'était servi de l'expression de *catholique libéral.* Il ne voulait pas, avec raison, de ces distinctions entre catholiques, et tout ce qu'il disait ou écrivait aux uns et aux autres avait pour but de ramener la paix et la concorde parmi les esprits.

Alors aussi vivait à Tours un homme qui dans son genre, n'était guère moins en vue que son archevêque. C'était M. Dupont, le saint homme dont M. Léon Aubineau nous a raconté la vie et les traits édifiants.

Ce pieux laïque avait reçu de Dieu des dons extraordinaires, et l'on accourait en foule auprès de lui pour obtenir les grâces dont on avait besoin et la guérison des maux dont on était affligé. Le saint homme n'avait cependant pour tout remède que l'huile qu'il faisait brûler devant l'image de la sainte Face de Notre-Seigneur, et de toutes parts on racontait des prodiges.

Il arrivait qu'on écrivait souvent à l'archevêché pour consulter sur la crédibilité qu'il fallait ajouter ou refuser aux faits que l'on racontait sur M. Dupont. L'archevêque répondait ou faisait répondre à peu près toujours en ces termes : « Je ne sais si M. Dupont fait des miracles et si tout ce qu'on raconte de lui sur ce point est véridique ; mais ce que je puis attester, c'est qu'il a les vertus et la sainteté de ceux qui en font. » Excellent témoignage, d'autant plus à retenir et à conserver, que, dans les affaires de Saint-Martin et la direction de quelques autres œuvres pieuses, les deux saints personnages n'étaient pas toujours, comme nous l'avons dit plus haut, complètement du même avis.

M. Dupont, avec la sainte témérité des prédestinés et une confiance illimitée en la Providence, était toujours pour aller de l'avant et pour les projets grandioses. C'était un créole, et il en avait un peu l'ardeur et l'imagination. L'archevêque, plus rompu aux affaires et d'un tempérament moins confiant, voyait les difficultés et cherchait, avant de s'engager, les moyens de les résoudre. A bout d'arguments, le saint homme jetait une médaille de saint Benoît par-dessus la muraille du jardin de l'archevêché, et il se réjouissait naïvement de pouvoir ainsi chasser la mauvaise influence qu'il supposait régner autour de ceux qui l'habitaient.

Cela ne les empêchait pas l'un et l'autre de vivre dans les meilleurs rapports, ni M. Dupont de prendre une part très active aux œuvres que dirigeait ou patronait l'archevêque. Ainsi qu'on l'a raconté dans sa vie, il avait été pour beaucoup, avec la sœur Saint-Pierre, dans la fondation de l'œuvre pour la réparation des blasphèmes et dans tout le mouvement de pénitence qui s'en est suivi; et Mgr Guibert, sans approuver encore canoniquement ces œuvres, les avait favorisées.

Et puisque nous sommes à parler de ce saint homme, nous ne voudrions pas qu'on eût omis de narrer le trait suivant dans sa vie. Il aimait par-dessus tout à redire à ses amis les tours qu'il jouait au diable et les désagréments qu'il se plaisait à lui causer. Parmi ces désagréments, disait-il, il n'y en avait pas de pareils à ceux des trois noms suivants qu'il lui donnait quand il voulait le piquer au vif, et dont l'horreur allait pour Satan d'une manière progressive et croissante. Le premier de ces noms que redoutait le prince des ténèbres était celui de *vieux*, le *vieux* serpent, le vieux tentateur. Satan, paraît-il, veut être toujours jeune. Au-dessous de celui-là, il ne craignait rien tant que d'être appelé *Crapaud;* mais si on l'appelait *Gallican*, il s'enfuyait au plus profond de son sombre royaume. On voit par là quelle était la candeur de cette âme, l'étendue et la simplicité de sa foi. On dirait une scène de saint François d'Assise ou de quelqu'un de ses aimables compagnons.

IV

Nous touchons maintenant à la période militante de l'épiscopat de Mgr Guibert en Touraine. Nous la décrirons comme nous la connaissons.

Dans les premières années de son séjour à Tours, Mgr Guibert s'occupa, entre autres œuvres, d'affilier la grande congrégation de la Sainte-Famille de Bordeaux aux oblats. Le P. Noailles, fondateur de ce florissant institut, était venu plusieurs fois lui faire visite pour amener ce résultat, qu'il croyait favorable à sa communauté. L'archevêque, après avoir quelque peu hésité, conseilla à l'évêque de Marseille d'accepter la proposition, et il se fit lui-même le négociateur de cette délicate affaire.

Le cardinal Donnet, archevêque de Bordeaux, et les prêtres de son entourage paraissaient regretter que le gouvernement immédiat de cet important institut passât à d'autres mains. Mais la prudence et la sagesse de l'archevêque levèrent toutes les difficultés, et les sœurs de la Sainte-Famille purent, selon le désir de leur Père, se faire diriger désormais par les oblats, à peu près comme les sœurs de Charité le sont par les lazaristes.

Une négociation où il réussit moins bien et qui laissa quelque amertume dans son cœur, ce fut celle qu'il poursuivit pour éviter le partage de sa province ecclésiastique.

L'empereur voulait gagner la Bretagne. Pendant un voyage qu'il fit dans cette province renommée par son royalisme, il fut bien reçu, particulièrement à Rennes, où l'évêque Brossais-Saint-Marc sembla lui faire quelques avances qui le flattèrent beaucoup. Il résolut d'ériger cette ville en archevêché, et par conséquent de diviser la province ecclésiastique de Tours, qui comptait dans sa circonscription les diocèses de la basse Loire et tous ceux de la Bretagne.

La chose pouvait se faire avec quelque ménagement pour l'archevêque de Tours. Elle ne se fit pas ainsi, et plus tard nous avons entendu M. Hamille, directeur des cultes, regretter qu'on n'eût pas procédé autrement vis-à-vis de Mgr Guibert. Il attribuait même, à tort sans doute, l'opposition que fit ce prélat, dans les dernières années de l'empire, à un ressentiment prolongé de cette division de sa province.

Le fait est qu'on fit l'instruction de l'affaire et qu'on prit la décision sans même le consulter. Il sut la chose, comme tout le monde, par la rumeur publique, et il ne connut l'érection officielle du nouvel archevêché breton que par une lettre que le bon M. de Berty, chef de la première division des cultes, s'était efforcé de motiver de son mieux.

L'archevêque de Tours fut blessé de cette manière d'agir. Il écrivit deux ou trois lettres au pape pour défendre les droits de sa métropole, rappelant les anciens démêlés et les anciennes prétentions de l'Église de Dol, qui n'avaient jamais pu prévaloir contre les droits séculaires qui rattachaient la Bretagne à la juridiction de Saint-Martin. Il n'obtint pas gain de cause.

Il adressa aussi plusieurs lettres au ministre des cultes pour le même motif. Il s'y plaignait noblement d'une mesure que l'on allait prendre contre les droits traditionnels de son Église, sans même l'appeler à faire valoir ses raisons et à présenter ses observations.

Le démembrement menaçait même de tout emporter de ce qui était breton et de ne laisser à la vieille métropole qu'Angers et le

Mans. Laval venait à peine d'être créé. C'était plus que la moitié du manteau de saint Martin qui cette fois allait être coupée. L'évêque de Nantes, Mgr Jaquemet, réclama pour sa part, et, sous prétexte que Nantes formait la Bretagne française, on laissa ce diocèse continuer de faire partie de l'ancienne province.

Il paraissait naturel qu'on donnât au moins à celui que l'on dépouillait ainsi quelque compensation. On ne le comprit pas, ou on ne le voulut pas, et il n'y aurait rien d'étonnant, bien que son grand esprit fût au-dessus de ces considérations personnelles, que Mgr Guibert ne gardât quelque souvenir pénible de la façon peu convenable dont il avait été traité dans cette occurrence.

Sur ces entrefaites vint la guerre d'Italie et tous les événements qui la suivirent. L'archevêque avait en ce moment-là quelques idées sur l'organisation du pouvoir temporel du pape qui semblaient empreintes d'un certain libéralisme, et les hommes du gouvernement se seraient volontiers rapprochés de lui pour se couvrir de son nom, si sa haute sagesse et sa perspicacité ne lui avaient bientôt fait voir le but que l'empire poursuivait et les sociétés secrètes avec lui.

On eut même, paraît-il, la pensée de l'envoyer à Florence, auprès de Victor-Emmanuel, pour négocier avec lui, ou du moins essayer de créer un parti dans l'opinion catholique qui aurait pesé sur le pape afin de lui faire accepter ce que l'on appelait des réformes nécessaires. On pressentit sur ses dispositions l'un de ses secrétaires, qui se trouvait en ce moment-là à Paris, et on le pria de sonder l'archevêque.

Celui-ci, à son retour, le fit avec toute la discrétion que commandaient le message et la qualité de celui à qui il s'adressait. L'archevêque, qui aimait les affaires, et dont on disait volontiers autour de lui qu'il aurait fait un nonce du premier ordre, sembla frappé tout d'abord de cette idée. La pensée de rendre service à l'Église et d'empêcher peut-être l'État de s'aventurer dans de nouvelles injustices était bien faite pour plaire à cette grande âme. Il réfléchit un moment sur ce que son familier lui disait. Puis, saisissant d'un coup d'œil le danger et l'inutilité d'une pareille mission, il se tourna vers lui, et, avec cet accent cadencé et profond qu'il prenait dans les grandes occasions : « Mon cher, lui dit-il, le peu que je vaux, je le vaux par mon caractère; ce qu'on me propose, c'est un piège. Une pareille mission ne peut qu'amoindrir celui qui l'accepterait, et peut-être le déshonorer. Je ne veux être ni un M. de Barral ni un M. du Voisin, » faisant allusion à la mission que ces deux évêques, dont le premier était son prédécesseur, avaient acceptée du premier empereur, en se rendant auprès de Pie VII, à Savone.

Cette réponse le peint bien et l'honore grandement. Homme d'opinions moyennes et au fond tempéré dans les solutions, bien qu'on eût pu croire, en l'entendant quelquefois parler, le contraire, il n'aurait pas été fâché, nous le répétons, de montrer ses moyens dans une négociation difficile; mais, prêtre avant tout, et prêtre de haute marque, il ne voulait pas se mêler à une chose qui eût pu déplaire au pape et ternir en quoi que ce fût, par une démarche imprudente, ce grand caractère sacerdotal par lequel il valait non pas peu, comme il le disait, mais duquel il tirait très certainement une partie de sa réputation et de son influence.

S'il n'accepta pas la négociation qu'on aurait peut-être été bien aise de lui proposer, cela ne l'empêchait pas de donner de bons conseils, même à ceux qui dirigeaient l'Église, et de s'occuper activement de ces questions qui tenaient alors la catholicité tout entière en émoi. Il le faisait le plus souvent en proposant des solutions adoucies et conciliantes sur lesquelles il lui semblait que les esprits modérés pouvaient s'entendre.

C'est ainsi qu'avant la fin du carême de 1860, l'archevêque fut faire une petite course de vingt-quatre heures à Paris, pour saluer l'évêque de Marseille, qui était venu au sénat. Il profita de cette occasion pour voir le nonce, avec lequel il eut une conférence de trois quarts d'heure sur les affaires politiques. Son Excellence parut très heureuse de voir l'archevêque, et lui demanda sa manière de penser. Celui-ci, avec sa franchise habituelle, s'expliqua sur les trois points suivants : 1o Nécessité de ménager l'opinion moyenne des conservateurs, parce qu'elle faisait la force du clergé dans sa lutte pour le pape. 2o Ne pas lancer d'excommunication contre le roi de Sardaigne, mais faire une vive protestation; il pourrait y avoir le danger de pousser cet homme au schisme, en faisant croire aux Italiens qu'ils avaient à choisir entre un changement de religion et la domination de l'Autriche. 3o On devrait de préférence s'appuyer sur la France et non sur Naples, qui périra le même jour que Rome si elle veut la secourir; sur la France et non sur l'empereur, qui est regardé comme un utopiste et avec le gouvernement duquel il faut être froid. « Hélas ! ajoutait-il, on le compare à Charlemagne. Oui, il faudrait frapper une médaille où d'un côté on représenterait ce prince, avec la devise : *Erexit*, et de l'autre Napoléon avec celle-ci : *Destruxit.* »

Il n'aurait point écrit ces paroles, car personne ne savait mieux garder que lui les convenances dues au pouvoir établi. Il n'avait pas approuvé l'expression de « Pilate de la papauté » dont s'était servi Montalembert vis-à-vis de l'empereur, ni la répétition qu'en avait faite l'évêque de Poitiers, son illustre voisin. Mais, dans le laisser-aller de la conversation privée, il avait de ces mots vigoureux qui s'incrustaient dans la mémoire et peignaient d'un trait toute une situation.

Il vit, par la même occasion, les rédacteurs de l'*Ami de la religion* et leur fit des observations, comme nous l'avons déjà remarqué plus haut, sur le nom d'école catholique libérale qu'ils s'étaient malencontreusement donné. Le journal semblait du reste en ce moment devoir bien marcher, et l'archevêque n'était pas fâché de voir un organe qui convenait à un certain nombre de catholiques prendre une place distinguée devant l'opinion. Il ne faut pas d'ailleurs oublier que son ami Poujoulat en était au début le principal rédacteur, et quand on a ses amis quelque part, il est naturel qu'on aime leur œuvre.

Nous avons conservé souvenir de cette visite faite au nonce avec quelque précision, parce que nous l'avions consignée dans nos papiers.

Si l'on avait pris des notes, il aurait été facile d'en conserver ainsi beaucoup d'autres. Mgr Guibert se plaisait en effet à raconter dans l'intimité ses visites aux grands ou aux personnages en charge, ce qu'il leur avait dit, ce qu'on avait répondu, etc. Sa discrétion était remarquable, et peu d'hommes savaient garder un secret comme lui. Mais ce qui pouvait se dire, il aimait à le répéter à ses familiers. Cela lui fixait mieux ses idées dans la tête et aiguisait son esprit. Comme M. Thiers, son compatriote, il cherchait à s'entretenir des pensées qui le préoccupaient, et la lettre ou le mandement qui suivaient étaient souvent faits en paroles et en conversations avant d'être couchés sur le papier.

C'est ainsi qu'il racontait volontiers sa première entrevue avec Grégoire XVI, en 1846, étant alors évêque de Viviers. Ce pape ne parlait pas français, mais il le comprenait. L'évêque parlait mal l'italien, mais il l'entendait assez bien par suite de son séjour en Corse. Ils convinrent, disait-il, que chacun parlerait la langue qu'il savait et que l'autre entendait. Alors le saint-père lui conta son entrevue avec l'empereur Nicolas de Russie, qui eut un si grand retentissement. Il était là, disait le pape en lui montrant la place où était assis l'empereur, moi j'étais ici; et le bon évêque détaillait la suite de l'entrevue avec la même précision du dialogue et la même description des deux interlocuteurs que s'il avait été présent à la scène.

S'il cherchait à réunir et éclairer les esprits, il donnait parfois de retentissants avertissements. On n'a pas perdu le souvenir de ces lettres fermes et énergiques qu'il écrivait aux ministres sur les affaires de Rome, lorsqu'elles eurent entièrement mal tourné. Il les faisait quelquefois dans les visites pastorales, et les méditait deux ou trois jours dans sa tête. Puis il appelait son secrétaire pour les lui dicter, après quoi il les retouchait encore lui-même. Nous avons le souvenir d'une de ces lettres qu'il écrivit à M. de Langle, du village de Rillé, en Touraine, et de plusieurs autres, qui furent adressées à M. Rouland. Ce fut même l'une d'elles qui jeta ce ministre par terre.

Dans ces occasions, son esprit se tendait; il allait lentement pour bien mesurer son expression, et se promenait gravement en dictant dans sa chambre. Il lui arrivait alors une distraction assez familière, que tous ses secrétaires ont bien connue, et qui lui revenait assez ordinairement quand il écrivait sous l'empire d'une grande préoccupation. Après avoir demandé au prêtre qui lui prêtait sa main s'il était à l'ordre, il se croyait déjà en marche et commençait par ces mots : « Un point et à la ligne. » Le secrétaire souriait en répétant la phrase, et l'archevêque, rappelé lui-même à la réalité de sa pensée, riait aussi; mais il lui advenait plus d'une fois, si la préoccupation redevenait pressante, de recommencer.

Non seulement il écrivait, mais il parlait vivement aux hommes du pouvoir quand ceux-ci venaient le voir ou qu'il avait occasion de les rencontrer.

Le maréchal Baraguey-d'Hilliers, commandant le corps d'armée qui avait son siège à Tours, étant un jour venu le visiter, la conversation prit cours sur un vote que le sénat venait de rendre contre les pétitions des catholiques qui demandaient le maintien du pouvoir temporel du pape, et les mesures administratives que l'on avait prises pour empêcher la publication des actes apostoliques, aussi bien que certains mandements épiscopaux. On s'était imaginé, en effet, de les soumettre les uns et les autres au timbre d'imprimerie, comme les brochures politiques.

L'archevêque dit au maréchal que le premier corps de l'État montrait peu d'indépendance et peu de déférence pour les vœux les plus respectables, et qu'il souhaitait, du reste, que l'empire ne se fît pas autant de mal à lui-même qu'il pouvait en faire à l'Église. Il ajouta en même temps qu'un article menaçant qui venait de paraître dans le *Moniteur* était une vraie persécution, car en fait de persécution, poursuivait-il, il y en a de plusieurs sortes.

Ce langage lui était du reste familier. Quand la crise devint plus aiguë entre le gouvernement impérial et le saint-siège, on lui entendait souvent dire ces mots : « Vous verrez que ce gouvernement périra par ses fautes et qu'un jour il tombera sous la déconsidération publique. »

C'était sévère, et en répétant ces paroles nous ne voulons être désobligeant à qui que ce soit. Les souffrances d'aujourd'hui sont bien autrement graves que celles dont on se plaignait alors; mais il n'en est pas moins vrai que cet esprit clairvoyant prévoyait déjà les dangers et les périls de la voie dans laquelle on s'engageait et qu'il essayait en vain de redresser.

Le maréchal Baraguey-d'Hilliers avait assez de goût pour l'archevêque. C'était un vieux garçon fort libre dans ses paroles et dans ses allures, mais au fond droit et sensé. Cette grande personnalité l'avait frappé, et il venait quelquefois rendre visite au prélat. Il s'était d'ailleurs figuré, on ne sait pourquoi, que Mgr Guibert avait offert de mettre son palais à sa disposition, pour le loger comme il convenait que le fût un commandant de corps d'armée, et il ne manquait guère d'adresser au prélat des remerciements de ce chef, remerciements que celui-ci n'avait point d'ailleurs mérités, car cette pensée n'avait pu lui venir à l'esprit.

Cette attitude de l'archevêque de Tours irritait beaucoup le gouvernement. Le ministre Rouland ayant un jour porté à Fontainebleau, où se trouvait l'empereur, un écrit du prélat où il semblait insinuer que les Romagnes avaient été le gage accordé à l'Italie pour en obtenir Nice et la Savoie, Napoléon III se serait écrié que celui qui avait écrit cela n'était pas un honnête homme, au dire du moins du ministre. Nous croyons même que ce fut à cette occasion que l'empereur lui écrivit de sa main et de son écriture fine et menue qu'il lui avait fait de la peine.

Une ou deux fois il fut déféré au conseil d'État, notamment dans une circonstance, avec l'évêque d'Orléans et quelques autres, pour une consultation électorale qu'ils avaient collectivement rédigée. Mais rien ne le décourageait quand il croyait sa conscience engagée à l'action. Si j'avais à chercher dans l'antiquité chrétienne quelqu'un des Pères auquel il ressemblât davantage, je dirais qu'il y avait de l'Athanase dans cet homme-là. Il en avait la persévérance dans la lutte et la sainte opiniâtreté. C'était du reste de ce nom-là que le saluaient volontiers ses prêtres dans leurs compliments de bonne venue lorsqu'il visitait leurs paroisses.

Ce n'est pas qu'il ne ressentît profondément les contradictions que cette conduite lui attirait. Nature nerveuse et impressionnable, il souffrait des péripéties diverses de cette lutte, lutte qu'il soutenait pour l'honneur et l'indépendance de l'Église. Mais, à côté de l'émotion du combat, il savait garder une telle contenance et un tel empire sur lui-même qu'on eût dit qu'il ne sentait que peu les contrariétés qui lui survenaient. C'était une âme forte, et, à part certaines échappées passagères, une âme très maîtresse d'elle-même.

Au ministère on le redoutait. « Comment va *Fortiter?* disait familièrement le directeur des cultes du temps, en jouant sur le dernier mot de la devise de son blason, lorsqu'il avait occasion de voir quelqu'un de sa maison. — Eh! il ne va pas mal, comme vous voyez, lui répondit un jour un de ses auxiliaires. Il vous donne quelquefois de ses nouvelles; mais vous aimeriez bien autant sans doute qu'il allât un peu plus *suaviter,* fit celui-ci, en reprenant le mot précédent de la même devise. — C'est un moine, répliquait le directeur, il y a du moine dans cet homme-là! » Il ne se trompait pas entièrement; il y en avait, en effet, quelque peu; on pourrait peut-être même dire qu'il y en avait beaucoup.

Malgré ses démêlés avec le gouvernement, le zélé prélat vit cependant une ou deux fois l'empereur à Saint-Cloud, pour lui parler de l'œuvre de Saint-Martin. Il ne fallait rien moins que cela pour le décider à des visites qui lui coûtaient. L'empereur, qui avait, comme le disait quelqu'un qui le connaissait bien, un bon cœur, mais des idées fausses, lui donna dans une de ces visites quatorze mille francs pour l'aider à la reconstruction de la basilique.

Nous croyons bien que ce fut aussi à cette occasion qu'il le consulta sur la différence qu'il y avait entre les Grecs et les Latins. Il s'agissait alors du retour des Bulgares à l'unité, et Napoléon III n'aurait pas été fâché de témoigner ses bons offices au pape en aidant ce mouvement, qui convenait peut-être aussi à sa politique. L'une de ses interrogations à l'archevêque avait trait au port de la barbe, et l'empereur, qui n'était pas un profond théologien, lui demandait si c'était là entre les deux Églises une cause de désunion grave et inconciliable. Comme l'on pense bien, son interlocuteur n'eut pas de peine à lui démontrer que ce n'était là qu'une question de forme sans aucune portée dogmatique.

Bien que préoccupé de la défense générale de l'Église, Mgr Guibert n'oubliait pas cependant l'administration de son diocèse. Il le gouvernait avec une grande sagesse, aidé en cela par des prêtres très respectables, entre autres M. l'abbé Malmouche, l'un de ses grands vicaires, homme d'une grande douceur et d'une aménité parfaite, et M. l'abbé d'Outremont, qu'il fit plus tard nommer évêque d'Agen par le gouvernement de la Défense nationale. Ce dernier était plus spécialement chargé des œuvres de zèle et de piété, et il s'acquittait de cet emploi à la satisfaction de tous.

Nous estimons que le diocèse de Tours vit alors un mouvement religieux qu'il n'avait pas encore connu au même degré. L'archevêque cependant sortait peu et n'était pas un de ces hommes mouvementés, comme on en voit beaucoup aujourd'hui, qui sont à la fois généraux et soldats. Du fond de son cabinet, comme il aimait à le dire, il voyait ce qui se passait, et ordinairement il se bornait à donner l'impulsion. C'est ce qu'il a continué à Paris, et, en général, c'est le rôle qui convient aux premiers chefs. Les Tourangeaux, ajoutait-il d'ailleurs, n'aiment pas à être pressés, et il voulait les laisser marcher de leur pas, qui était du reste un bon pas. Il ne goûtait pas trop au surplus les hommes agités qui font du bruit en tout lieu et souvent des riens en tout genre. Les hommes sages, réfléchis, pondérés, étaient ses hommes; aussi quand il avait dit que quelqu'un n'avait pas de jugement, il était bien près d'avoir prononcé un arrêt irrévocable sur la valeur morale de cette personne.

Le Concile arriva au milieu de ce double mouvement de l'archevêque de Tours, l'un pour l'expansion du bien dans sa propre Église et l'autre pour la défense de l'Église universelle.

On avait essayé de lui faire partager les appréhensions de son illustre voisin, l'évêque d'Orléans, au sujet de cette assemblée. Nous n'avons pas su cependant qu'il les ait partagées au même degré, s'il a émis quelques craintes et quelques réserves, ce qui serait bien possible.

Ce que nous savons, c'est qu'il y fut volontiers, et qu'il y fut très recherché et très regardé. En arrivant à Rome, avec l'évêque de Cérame et un ou deux prêtres de sa suite, il se logea près de la Propagande, dans la *via dei due Macelli,* tout à côté de Louis Veuillot. Il y mena la vie retirée qu'il menait d'habitude, sortant peu, mais aimant qu'on vînt le voir et parlant volontiers des questions qui occupaient si vivement tous les pères du Concile et les laïques eux-mêmes.

Pie IX lui témoigna une grande confiance et désira qu'on le mît dans une des grandes congrégations conciliaires, ce qui fut agréable à l'archevêque. Son âge, son expérience, et l'estime qu'il inspirait aux autres évêques l'indiquaient du reste suffisamment pour cela.

Deux hommes de la prélature romaine lui faisaient grande cour. L'un était Mgr Nardi, polémiste ardent et actif, l'autre Mgr Franchi, qui devint plus tard cardinal et ministre d'État de Léon XIII. Ce dernier l'entourait beaucoup et lui servit pour faire parvenir humblement au pape plus d'une pensée dont on s'inspira dans ces grands débats.

L'archevêque de Tours suivait d'ailleurs les séances avec assiduité. Il prit la parole deux ou trois fois, notamment contre l'unité du catéchisme, qu'il voulait qu'on pût étendre par des commentaires opportuns, selon les besoins des pays et des diocèses, en admettant même que l'on eût un type unique.

Quand vinrent les grandes discussions sur l'infaillibilité, il fut très entouré, et les deux partis qui s'étaient formés sur cette question majeure auraient voulu le voir avec eux. L'archevêque ne prit parti pour personne, malgré des démarches très pressantes qui furent faites auprès de lui par les principaux chefs de la minorité. Il s'en rapportait, disait-il, à la sagesse des Pères et à l'assistance du Saint-Esprit. Il forma avec le cardinal de Bonnechose et Mgr de La Tour d'Auvergne une réunion, que l'on appela un moment le tiers-parti, mais qui ne tint que quelques séances à Saint-Louis, où se réunirent ainsi une quinzaine de prélats ; il demeura ensuite chez lui.

Sa santé était devenue d'ailleurs mauvaise. Cet état d'anémie et de débilitation dont il souffrait habituellement, et plus encore quand il sortait de ses habitudes, lui rendait tout effort de marche ou de parole pénible. On prévoyait même le jour où il devrait quitter Rome, ce qui arriva, en effet, vers la fin de juin ou le commencement de juillet, sur l'ordre exprès des médecins et le conseil du pape lui-même.

Mgr Guibert n'eut donc pas à se prononcer *ex professo* sur l'infaillibilité doctrinale du pontife romain. Mais tout le monde connaissait son opinion, et il n'est douteux pour aucun de ceux qu'il admettait en ce moment-là dans son intimité qu'il eût voté avec la majorité. Pour notre part, nous l'affirmons de la manière la plus positive et la plus certaine.

Ce n'est pas que dans ses conversations il ne fît certaines observations qui auraient pu le faire passer pour moins chaud que d'autres au sujet d'une définition concrète et immédiate. Nous avons dit que c'était un homme d'opinions moyennes et voyant facilement les difficultés d'une résolution à prendre ou d'un acte à accomplir. Il tenait en outre grand compte de l'opinion des chefs laïques du parti catholique.

Les lettres qu'il recevait de ses amis de Tours ou de Paris lui faisaient impression. Il avait peur des conséquences de cette définition auprès d'une foule d'esprits qui la comprendraient mal. Plus d'un partageait alors ce sentiment; mais sur le fond de la doctrine, comme sur la nécessité finale de la définition, il n'hésitait pas.

On sait que la guerre éclatait entre la France et l'Allemagne le lendemain du jour même de la définition de l'infaillibilité pontificale. Ce fut une distraction sanglante, mais peut-être providentielle aux événements religieux qui auraient pu suivre ce grand acte.

Personne n'ignore la conduite patriotique de Mgr Guibert pendant les tristes événements de 1870 et 1871, comment il reçut dans son palais une partie de la délégation du gouvernement; quels services il rendit alors à l'Église, et quels bons conseils il donna aux hommes politiques qui l'entouraient.

Il nous est venu de Rome copie d'une lettre des plus intimes que lui écrivait confidentiellement Pie IX, pour le prier d'agir sur les membres du gouvernement qu'il pourrait voir, afin de les engager à accepter la médiation du pape pour arriver à la paix. Des démarches dans le même sens devaient être faites auprès du roi de Prusse, qui semble, hélas! les avoir reçues avec plus de considération que ne le firent nos gouvernants. Cette lettre devra désormais faire partie de notre histoire religieuse et nationale. Elle montrera une fois de plus la sollicitude des pontifes romains pour notre patrie, et leurs préoccupations paternelles quand elle est dans le malheur.

Nous ne nous attarderons pas à raconter ses rapports avec M. Crémieux ni avec M. Glais-Bizoin. On y est déjà revenu bien des fois. On pourrait y ajouter en guise d'anecdotes les exclamations du valet de chambre Marchaud, et de la concierge, la mère Sauley, quand le bon archevêque accompagnait Mme Crémieux à déjeuner, ou que M. Glais-Bizoin, qui paraissait affectionner particulièrement la loge du portier et ses environs, donnait là ses audiences et recevait son monde. Cela entrera quelque jour dans son histoire.

Sa nomination à l'archevêché de Paris est le dernier fait que nous rapporterons. Tout n'est pas connu là-dessus. L'archevêque de Tours, désigné à la fois par l'opinion et les circonstances politiques du moment, disait beaucoup qu'il ne pouvait à son âge accepter un pareil poste. D'un autre côté, plusieurs autres personnalités étaient en vue et appuyées. Nous tenons même d'un ancien ministre que l'évêque d'Orléans avait proposé Mgr Bélaval, évêque de Pamiers. D'autres candidats étaient patronnés par telles ou telles personnes influentes, voire même M. l'abbé d'Alzon.

Le nonce Chigi, quoique estimant profondément Mgr Guibert, ne le goûtait pas entièrement. Il le trouvait trop attaché, malgré ses luttes avec l'empire, aux anciennes idées françaises. Et le prince Chigi était alors puissant, car M. Thiers et M. Jules Simon, son ministre des cultes, en politiques habiles et en hommes bien élevés, voulaient au moins conserver à la France l'influence pontificale à défaut des sympathies qui faisaient ailleurs défaut.

On avait fini par croire que le cardinal Guibert n'accepterait pas, et on le répétait de toutes parts. Au ministère, on se mit donc à examiner d'autres candidatures. L'une d'elles était même fort avancée, lorsque survint un des anciens familiers du cardinal, qui, ayant occasion de s'entretenir avec le directeur des cultes, lui assura qu'on se trompait et que l'archevêque de Tours accepterait sa nomination à Paris, si on la lui présentait non comme un honneur, ou comme un avancement vulgaire, mais comme un devoir et un poste de péril et de dévouement. « Êtes-vous bien sûr de ce que vous avancez là, monsieur l'abbé? répondit le chef de division, qui faisait fonction de directeur des cultes et qui était M. Adolphe Tardif. — Oui, j'en suis sûr, répondit l'ecclésiastique,

qui prenait bien un peu sur lui une affirmation qu'il augurait plutôt des vraisemblances qu'il ne la tenait de la bouche même du prélat. — En ce cas-là je vous quitte, monsieur l'abbé, reprit le directeur des cultes, je prends mon chapeau et je vais à Versailles. »

L'archevêque connut le fait, et il écrivit une lettre de reproches à celui qui s'était ainsi avancé sans son consentement. Le coupable n'eut aucun repentir, et il eut raison. La nomination de ce prélat était le plus grand service à rendre à l'Église de France dans un moment pareil.

Le lendemain, ou peu de jours après, M. Jules Simon partait pour Tours et décidait le cardinal à accepter, en lui présentant sa nomination au point de vue que nous venons d'indiquer.

De son côté, le nonce Chigi écrivit au cardinal Antonelli d'agir au nom du saint-père sur Mgr Guibert, dont on connaissait bien l'obéissance; et sa nomination fut signée le 19 juillet 1871, le jour même de la fête de saint Vincent de Paul, qui, après avoir tenu quelque temps sur la terre la feuille des bénéfices ecclésiastiques pour l'utilité de l'Église de France, semblait bien encore cette fois la tenir dans le ciel.

Par une coïncidence assez singulière, le même jour était aussi signée la nomination de l'évêque de Rodez, l'un de ses anciens secrétaires, et celle de l'évêque d'Ajaccio, M. l'abbé Casanelli d'Istria, le neveu de l'évêque qui l'avait autrefois attiré en Corse. Cette dernière nomination ne sortit point cependant à effet, et M. l'abbé de Gaffori fut élevé à ce siège.

Il ne nous appartient plus de décrire la vie et les actes de Mgr Guibert à Paris. Des amis aux souvenirs plus intimes et plus complets que les nôtres devront se charger de ce soin. Nous dirons seulement ce que nous savons des vertus et des qualités de cet illustre cardinal, dont nous avons esquissé à la hâte et bien imparfaitement les trois premières phases de l'existence.

V

C'était une grande personnalité ecclésiastique que le cardinal Guibert. L'énumération de ses qualités et de ses vertus constituerait un chapitre fort long et fort édifiant, que nous laissons à ses biographes officiels le soin d'écrire au complet.

Si l'on voulait peindre d'une seule parole la physionomie de ce prince de l'Église, nous croyons que cette parole devrait être celle-ci : « C'était vraiment un prêtre, c'était un véritable évêque. » Le doyen du chapitre de Tours l'avait dit, et il avait résumé d'un mot la caractéristique du cardinal Guibert.

Prêtre, il l'était dans la tenue extérieure, et nous ne nous répéterons pas, en revenant sur la description de cette physionomie grave et austère qui en imposait à tous ceux qui l'approchaient comme à tous ceux qui le voyaient. « Il a l'air d'un patriarche, » nous disait un jour un des principaux cardinaux de la cour romaine. Le fait est que quand on entrait dans sa chambre, et qu'on le voyait assis devant son bureau, ou debout, pour accueillir ses visiteurs, on sentait une majesté douce et à la fois imposante qui vous invitait au respect et au recueillement. Même ses familiers étaient subjugués par cet air profondément vénérable et cette tenue parfaitement ecclésiastique. « Il y a trente ans que je suis avec lui, disait un jour le plus ancien de ses amis et des prêtres de sa maison, et je me sens saisi de la même impression de réserve que le premier jour, quand je suis devant lui »

Mais ce n'est rien, que ces qualités extérieures du prêtre et de l'évêque telles que l'on aime à se les figurer dans leur idéal. Le fond était encore meilleur que la forme. La piété du cardinal Guibert était éminente. Non pas qu'on pût dire de lui que c'était un mystique et une nature affective et dolente dans ses oraisons. Non, sa piété comme sa personne avait quelque chose de grave et de viril qui saisissait plus par la profondeur que par la forme de l'expansion.

Il se levait aux heures où se lèvent tous les bons ecclésiastiques et se couchait de même. Après ses prières et son oraison, il disait tous les jours la sainte messe, pendant laquelle il allait assez lentement, et, après une tasse de lait qu'il prenait pour tout déjeuner, il se mettait aux affaires ou au travail. Quand il célébrait en public, on était frappé de l'air de dignité qui se reflétait dans toute sa personne et de ce ton réfléchi et gravement accentué avec lequel il prononçait les paroles de la liturgie. Sur ses vieux jours, sa voix avait un peu faibli; mais dans les premiers temps de son épiscopat, et beaucoup plus tard encore, elle avait une intonation très agréable, et quand il donnait la bénédiction pontificale, beaucoup de personnes se trouvaient émues et pénétrées.

Il recommandait, du reste, fréquemment aux hommes d'église la surveillance de leur personne et de leurs mouvements dans l'exercice de leur ministère. « Au moins, disait-il, si nous ne sommes pas des saints, tâchons de ne pas scandaliser ceux qui nous voient et qui nous entendent. » Un jour qu'il avait assisté à la messe d'un prêtre nouvellement promu à l'épiscopat : « Bon, fit-il en se tournant vers les assistants quand celui-ci eut fini, il dit bien la messe : il édifiera son peuple et donnera l'exemple à son clergé. »

Il apportait la même attention à la récitation du bréviaire et du chapelet, qu'il disait ordinairement en commun, le soir après souper, avec les prêtres de sa maison. Sa lenteur paraissait même à ceux-ci quelquefois un peu excessive. Le fait est qu'il ne se pressait pas, et quand on le lui faisait remarquer : « Je crois, répliquait-il en souriant, que vous autres vous en passez la moitié. Et puis, voyez-vous, les affaires me distraient pendant la journée, et quand vient le moment de la prière, je ne suis pas fâché de me reposer un peu sur ces belles choses que l'Église nous fait lire et méditer. »

Il avait aussi une grande dévotion pour la sainte Eucharistie. Tous les après-midi, il faisait sa visite au Saint-Sacrement; souvent même, quand il était à Tours, nous l'avons vu prolonger ce pieux exercice et réciter son bréviaire à la cathédrale comme le plus fervent des séminaristes. Un jour, en visite pastorale, il retira les pouvoirs d'un prêtre, dont la négligence lui avait paru coupable dans la garde des saintes espèces et la surveillance de la matière des autres sacrements.

A la dignité, il ajoutait une grande modestie dans ses paroles et dans sa personne. Il parlait peu de lui-même et ne songeait pas à se faire valoir. Les vertus du religieux, l'humilité, le silence, la fuite du monde et de l'éclat étaient bien les siennes. Quoique méridional, il était peu bruyant et ne s'emportait guère ni dans les éclats de rire, ni dans les conversations animées et colorées. C'était, comme nous l'avons dit, un réfléchi et un méditatif.

C'est même cette trempe de caractère qui explique, selon nous, le peu d'empressement qu'il mettait à attirer les autres vers ses idées ou dans ses mouvements. « C'est un solitaire, s'écriait un jour un directeur des cultes, c'est un solitaire! » Il est certain que le cardinal Guibert ne courait pas après la popularité, pas plus qu'il ne s'épuisait en combinaisons pour grouper celui-ci avec celui-là, organiser telle réunion ou telle résistance. Il ne se préoccupait guère que de faire son devoir, et si les autres l'approuvaient ou se joignaient à lui, il n'en était pas fâché; mais il ne recherchait pas avidement les adhésions. Malgré ce désintéressement de lui-même, la force des choses les lui a cependant amenées, et je ne sais pas s'il fut jamais un évêque qui ait exercé le même ascendant que l'a fait le cardinal Guibert dans les dernières années de sa vie sur l'épiscopat français.

Il se pénétrait assez peu au fond de l'idée d'autrui et des manières de voir des uns ou des autres. Il écoutait volontiers ce que l'on disait ou ce que l'on proposait; mais il suivait le plus souvent sa propre pensée et sa propre conception. Son esprit un peu lent ne saisissait pas du premier coup ce flux d'idées ou de paroles que les esprits plus ouverts et plus abondants lui soumettaient. Il lui fallait un peu de temps pour digérer toute cette nourriture étrangère qu'on lui servait. Voilà pourquoi, quand il avait conçu une idée ou un projet, il l'exposait volontiers à ses interlocuteurs et y revenait facilement, comme quelqu'un qui était sûr de ce à quoi il avait longuement réfléchi, beaucoup plus que de ce qu'on lui disait et qu'il n'avait pas suffisamment examiné. On aurait pu croire, parfois, qu'il y avait chez lui de l'obstination; il n'y avait que de la fermeté et le besoin de ne pas se lancer dans des idées ou des projets qu'il n'avait pu s'assimiler.

Il avait, du reste, grand'peur de compromettre son caractère et la gravité de sa tenue et de sa vie. Il y avait même sur ce point comme une certaine affectation. Il se surveillait sans cesse, et rarement les saillies de la nature prenaient le dessus.

On sentait pareillement autour de lui qu'il fallait se tenir de même. Il était très bon et très indulgent pour ceux qui étaient appelés à l'honneur de l'aider et de le servir. Mais il n'aurait pas fallu faire le moindre écart; il n'aurait pas supporté dans sa maison quelqu'un qui n'eût pas été à la règle et qui n'aurait pu se plier à cette forme d'austérité et de vertu qui était sa note particulière.

Au point de vue de la sévérité des mœurs, nous osons affirmer que saint Charles Borromée ni les saints les plus mortifiés ne l'ont point dépassé. Il était sur ce point d'une rigidité absolue. Même dans la liberté des conversations et des récits récréatifs, alors que les plus austères se laissent aller à quelques badinages inoffensifs, il restait toujours d'une retenue complète, et il ne lui échappait pas le moindre mot qui ne pût être entendu par les oreilles les plus délicates.

Au commencement de son épiscopat de Tours, une veuve encore jeune, mais grande chrétienne, qui depuis est entrée en religion, vint deux ou trois fois le voir, à des intervalles qui ne lui parurent point assez éloignés. Il s'enquit de son confesseur, et, ayant appris que c'était un de ses grands vicaires, il le fit appeler et le pria de dire à cette dame de borner ses visites à une ou deux par an.

Une autre fois, dans une tournée pastorale, une dame qui appartenait au monde enrichi vint le chercher, après les cérémonies de la confirmation, pour le conduire dans son château, où il devait être reçu, en équipage costumé. Les postillons étaient en tenue, les chevaux harnachés et ornés de grelots, comme dans une chasse princière. Au moment du départ, la châtelaine, mise aussi selon les circonstances, invite le bon archevêque à monter avec elle en voiture découverte et s'apprête à donner ordre de fouetter au cocher. Toute la suite souriait un peu de voir le vénérable prélat qui y prêtait si peu en pareil mouvement et à pareille mise en scène. Lui-même paraissait fort embarrassé, lorsqu'il avise un des prêtres qui l'accompagnaient et le prie de monter en face dans la voiture où déjà la dame et lui étaient installés. Pour qui le connaissait, ces manières de faire étaient en effet peu en harmonie avec ses habitudes et son caractère.

Les femmes d'ailleurs le visitaient peu, et s'il avait quelque conversation avec elles, c'était toujours avec des personnes d'un grand âge et d'une piété reconnue. Il traitait les enfants, et en particulier les jeunes personnes, avec un grand respect, ne les caressant jamais, ne les tutoyant pas et se conduisant avec eux comme avec les personnes qui demandent le plus de réserve. A ce point de vue, il n'y a pas plus parfait. Si par les devoirs de sa charge et de son ministère il était obligé d'examiner des cas pénibles, il le faisait toujours avec une convenance entière; souvent même il ne voulait pas qu'on donnât certains détails qui auraient pu choquer son oreille, aimant mieux ne pas les connaître que de les entendre prononcer.

Son amour pour le clergé était sincère, et son respect pour ses collaborateurs ne laissait rien à désirer. Il défendait les droits de ses prêtres, quelquefois avec une ardeur que plusieurs auraient pu taxer d'excessive. Une fois, dans les environs de Saint-Péray, on profana le cimetière par l'enterrement d'une personne morte hors de la communion de l'Église. L'évêque de Viviers prit sa plume des grands jours, écrivit un mandement sévère contre cet acte qui violait les règles de l'Église, et se plaignit amèrement aux autorités civiles de cette double transgression de la loi religieuse et de la loi de l'État.

Une autre fois, pendant qu'il était à Tours, un noble personnage du pays vint lui faire des remontrances qui lui parurent mal fondées sur un de ses prêtres. L'archevêque le prit de très haut avec lui, et, sur l'observation de celui-ci que jamais personne ne lui avait parlé de la sorte, le prélat lui rappela le mot de saint Basile à l'empereur byzantin : « Peut-être jusqu'ici n'aviez-vous point rencontré un évêque. »

S'il défendait ses prêtres, il les consolait et les encourageait aussi. Au début d'une visite pastorale dans les montagnes de l'Ardèche, il dit à son secrétaire : « Prions donc que Dieu me donne dans cette visite une grande patience et une grande charité pour les prêtres. Ils voient rarement l'évêque; c'est un devoir pour lui de les écouter, de les encourager et de les guider. »

Ainsi, après une journée de fatigue où il était resté cinq heures à cheval, il arrive le soir dans un modeste presbytère assez tard. Après le souper, le curé se saisit de lui et l'occupe avec ses questions jusqu'à une heure fort avancée. Vers dix heures, le secrétaire pria le curé de laisser au complaisant prélat la faculté de prendre un peu de repos. « Non, répond l'évêque, M. le curé n'a pas encore achevé son questionnaire, et je me dois à lui. »

Cette affection pour son clergé le portait à développer en lui les deux choses qui peuvent le plus assurer sa vertu, le goût de la piété et l'amour de la science. Il s'attachait à leur donner la première de ces qualités par des retraites bien faites et par les autres industries du zèle sacerdotal; il s'efforça de leur inspirer le goût du savoir par des examens périodiques qu'il institua pour les jeunes prêtres, et qu'il présidait lui-même pour leur donner plus d'autorité.

Il s'informait aussi dans les visites pastorales si les prêtres avaient les livres nécessaires à tout ecclésiastique studieux, et son secrétaire avait ordre d'examiner leurs bibliothèques et de leur faire des observations quand elles ne paraissaient pas assez bien fournies. Ces observations valurent même à l'un d'eux une réponse assez piquante de la part d'un vieux curé de Touraine. Comme l'abbé lui objectait qu'il avait peu de livres, celui-ci se prit à lui dire, non sans quelque malice, qu'il y avait plus de choses dans ce petit nombre de livres qu'il n'en saurait lui-même jamais.

L'archevêque, sans être personnellement ce qu'on peut appeler dans toute la force du mot un savant, se tenait volontiers au courant des questions nouvelles qui occupaient la science et agitaient l'opinion; il était abonné à plusieurs revues et recueils périodiques, et il les lisait assez assidûment.

Je dirais même que ces lectures formaient un peu le fond de son instruction. Les études qu'il avait faites sans maîtres bien formés, son entrée de très bonne heure dans les affaires et le gouvernement des hommes, ne lui avaient pas permis, comme à d'autres, de faire ces études préparatoires dont on retire plus tard le profit et le bénéfice. Mais il avait une puissance remarquable pour s'assimiler les idées courantes et les rendre en des termes d'une justesse véritablement frappante.

Et, chose curieuse, cet esprit a été toujours

en progressant. Son milieu est meilleur que son commencement, et sa fin supérieure à tout ce qui a précédé. Quel fini dans ces lettres que tout l'univers catholique a lues et remarquées, quelle puissante conception dans l'idée, quel bon sens dans les conclusions, quelle simplicité et en même temps quelle correction et quelle élévation dans la forme! Nous croyons avoir lu je ne sais quelle lettre de M. Guizot, où ce grand écrivain, parlant des productions de l'archevêque de Tours, disait qu'il ne connaissait pas de meilleur style ni de prose plus parfaite. Qu'eût-il dit, s'il lui avait été donné de lire les dernières lettres de l'archevêque de Paris?

Nous ne sommes pas étonné que plusieurs de nos écrivains les plus renommés aient songé à lui offrir une place à l'Académie française. Il nous contait encore, peu de jours avant sa mort, que cette offre lui avait été en réalité faite plusieurs fois. Sa modestie ne lui avait pas permis de l'accepter, non plus que les distinctions civiles auxquelles il eût pu plus légitimement que personne prétendre.

Si le cardinal Guibert aimait ses prêtres, il aimait aussi les fidèles. Son zèle et son dévouement pour leurs intérêts religieux furent ceux des plus saints pontifes pour leur peuple. En 1854, croyons-nous, quand le choléra éclata dans l'Ardèche et qu'il fit de grands ravages au bourg de Vogué et au village de Limony, il se transporta dans ces deux localités et consola par ses paroles et par ses aumônes ces pauvres villageois affolés. Comme, à la fin, son secrétaire lui faisait remarquer qu'il ne resterait pas même assez d'argent dans la bourse pour effectuer le retour à Viviers : « Donnez, donnez toujours, répondit le charitable évêque, car j'ai besoin que les ressources viennent pour la construction de mon petit séminaire, et il n'est rien de tel pour les faire venir que d'être généreux soi-même. »

Ce n'est pas qu'il fût bruyant dans son dévouement, comme dans ses aumônes. Il n'était pas de ces hommes qui ont le fracas de la charité; il aimait mieux en conserver plutôt les pudeurs et les délicatesses. Ainsi, un jour qu'il allait dans les environs de Chinon visiter des varioleux, il ne voulut pas que l'un des jeunes prêtres qui étaient avec lui l'accompagnât, disant qu'il pourrait prendre ce vilain mal, et il fut seul chez les malades avec le curé de la paroisse.

A le voir, on n'aurait même pas dit qu'il donnait beaucoup aux pauvres et aux œuvres. Il le faisait ou le faisait faire secrètement, et souvent par sommes importantes, tellement qu'il ne voulut jamais amasser aucune économie, et que la France entière a pu constater qu'à sa mort, cet évêque, qui avait occupé des places éminentes pendant un demi-siècle, ne laissait aucune fortune appréciable après lui.

Il n'avait guère souci, du reste, d'enrichir ses héritiers. Quoique très bon pour sa famille, il la tint toujours à l'écart de son ministère et même des divers évêchés qu'il habita, avec une rigueur que les saints seuls peuvent mettre dans leurs résolutions. Jamais son père, qui mourut pendant qu'il était évêque de Viviers, ne vint le voir. Sa mère, qui décéda pendant qu'il était archevêque de Tours, ne vint pas davantage, non plus que ses deux sœurs Pauline et Joséphine, dont la dernière a presque vécu autant que lui. Il ne permit à son neveu Clément Sarrus d'apparaître chez lui que lorsqu'il fut docteur en droit, et encore ne le gâtait-il pas par des faiblesses intempestives, comme le font trop souvent les oncles qui ont vieilli dans le sacerdoce.

Sa famille, qui avait quitté Aix dès les débuts de son épiscopat à Viviers, habitait un petit bien dans la banlieue de la première de ces villes, au village du Tholonet. Il allait quelquefois la visiter, car il était bon fils ; il lui venait en aide dans une mesure modeste, mais non de façon à la rendre riche, moins encore opulente. Il voulut rester vis-à-vis d'elle, tout le temps de son triple épiscopat, dans cet état de réserve que rien ne put lui faire changer.

Quand on lui en demandait la raison, il répondait invariablement comme tous les saints évêques, en rappelant les paroles de l'Évangile lui-même, et en disant que la famille de l'évêque c'était ses prêtres, les pauvres et les fidèles.

Il faut convenir que s'il imposait, en agissant ainsi, de grandes privations à son cœur et à ses proches, il se donnait aussi une bien grande force pour enseigner à ses prêtres le désintéressement des affections domestiques qui quelquefois leur font négliger les devoirs de leur ministère.

L'Église était sa vraie famille; à celle-là il était dévoué de cœur et d'âme. On sait comment il a combattu pour la défense de ses droits et de ses libertés. Il n'était pas moins soucieux de lui procurer un bon recrutement, en mettant tout son crédit à lui faire donner d'intelligents et pieux évêques. De bonne heure on le consulta sur ces choix si importants, et dans les premières années de son épiscopat à Paris, on peut dire qu'il tint la feuille des bénéfices. Les nonces avaient ordre de Rome de s'entendre avec lui, et le gouvernement d'alors avait le bon sens de ne pas se charger de pareilles responsabilités, sans avoir au préalable connu sa pensée et pris son avis.

Au demeurant, le commerce de ce prélat était simple et facile, quoique la réserve de son caractère tînt toujours tout le monde à la distance voulue. Il était très modeste dans ses goûts, avait peu de besoins et savait se servir lui-même. Nous avons dit combien frugale était sa nourriture. Personnellement, on a écrit, et il n'y a aucune exagération en cela, qu'il ne dépensait pas quarante sous par jour. Il était homme à attendre jusqu'au soir avec une tasse de café au lait prise le matin. « Allez commencer vous autres, disait-il aux prêtres de sa maison, moi je viendrai après. » Et il venait en effet à la fin du déjeuner ou du dîner prendre un peu de nourriture à la hâte, et il n'exigeait aucune délicatesse de service ni de préparation. Cependant il aimait qu'on reçût bien ses hôtes, et sa table, quand il y avait quelqu'un, était toujours fort honorablement servie.

Il demandait peu à ses domestiques et n'aimait pas que l'économe de la maison les changeât sans nécessité. Il s'inquiétait par exemple de leur conduite morale et prescrivait à ses secrétaires de les bien surveiller sur ce point.

A Tours, il leur faisait faire le catéchisme, tous les dimanches au soir, par un des prêtres de sa famille, comme aussi il assistait avec eux à la prière qui se disait à la fin du jour en commun.

A l'exemple des personnes expérimentées, il se défiait de la précipitation et de l'irréflexion de la jeunesse. Il n'admettait pas qu'un jeune homme dût trop tôt se produire, et il craignait l'éclosion de ces fruits hâtifs qui souvent se dessèchent avant leur maturité. Les prêtres qui l'entouraient trouvaient qu'il allait quelquefois un peu lentement dans des déterminations qu'ils pouvaient désirer un peu plus promptes. « Je n'aime pas, répondait l'archevêque, les solutions précipitées. Il ne faut pas, ajoutait-il avec saint Vincent de Paul, enjamber sur les desseins de la Providence. » D'autres fois, s'appropriant le mot de Talleyrand, il disait sur la fin de sa vie : « Je ne me suis jamais pressé et je suis arrivé cependant à quatre-vingts ans. »

Ce n'était pas sans effort toutefois qu'il s'était fait ce tempérament. Au fond ce grand prélat portait une nature vive et sujette même à une certaine irritabilité, quand il se trouvait en face d'une difficulté ou d'une contradiction. Le premier mouvement était parfois un peu subit, mais il se ramenait vite au point, et il s'était tellement surveillé et observé, qu'il s'était formé comme une nouvelle économie dans sa vie et dans ses diverses manifestations. L'antiquité en eut fait un sage; les temps présents, malgré leur indifférence et leur égoïsme, l'ont salué comme un grand pontife et un homme qui a puissamment honoré l'Église et son pays.

Il aimait aussi que l'on saisît bien sa pensée et qu'on la fît bien saisir aux autres. C'est le moyen d'être bien obéi. A cet égard, il avait coutume d'assurer qu'il faut dire trois fois les choses pour qu'elles soient bien comprises. En vérité, ce n'est quelquefois pas inutile. Un jour, à Tours, il avait envoyé son secrétaire donner une commission au portier. « La lui avez-vous répétée trois fois au moins? — Non, Monseigneur, je ne la lui ai dite que deux fois, reprit le secrétaire. — Eh bien, retournez à la porte, et redites encore une fois votre commission au portier. » L'archevêque avait raison; la commission avait été mal comprise, et la troisième répétition était nécessaire.

Mgr Guibert ne donnait pas facilement sa confiance; mais une fois qu'il l'avait donnée il ne la retirait pas non plus légèrement. Les prêtres qui l'entouraient étaient ses amis, et quand il avait compris que c'étaient des hommes sûrs et dévoués, il ne laissait pas que de leur accorder une certaine initiative, bien que cette personnalité parût surtout ne procéder que d'elle-même. L'intelligence n'était pas tout du reste à ses yeux : il avait coutume de dire, et certes c'est une maxime bien vraie, que les hommes valent beaucoup plus par les qualités du caractère que par les qualités de l'esprit.

Sa santé fut éprouvée dans les premiers temps de son épiscopat. Il souffrait d'une gastralgie permanente et d'un certain échauffement d'entrailles. Il ne fit pas cependant de maladies proprement dites, avant celle qui l'a emporté à bout d'âge et à bout d'influx vital. Dans ses derniers jours, il aimait à le dire et à remercier Dieu de ce que son ministère n'avait jamais été interrompu par aucun accident de ce genre. Il se traitait par la diète et quelques émollients, mais il faisait peu de remèdes, n'allait jamais aux eaux et consultait rarement les médecins. Il avait un exutoire à un bras qu'il pansait lui-même, à l'ancienne manière, sans même le secours d'un domestique.

On sait que ses facultés intellectuelles n'ont été aucunement affaiblies jusqu'à son dernier moment, non plus que ses facultés physiques ; sauf la lenteur progressive qui est la suite de la vieillesse, et une certaine dureté à une oreille qui s'était accrue par une perforation du tympan que lui avait faite un spécialiste, lorsqu'il fut nommé archevêque de Tours.

Nous nous sommes un peu étendu sur ces détails intimes, persuadé qu'ils seront de quelque utilité à ceux qui les connaîtraient peut-être moins bien, et pensant que dans la vie d'un tel prélat la postérité serait peut-être bien aise de savoir jusqu'au menu tout ce que l'on pouvait y relever.

Nous terminerons par le vœu, qui n'est pas le nôtre seulement, mais celui de tous les amis de l'Église, qu'il se trouve un écrivain assez exercé et assez capable pour nous donner bientôt l'histoire de ce grand cardinal, qui laisse après lui une aussi respectable mémoire et une aussi grande auréole de talent et de sainteté.

17730. — Tours, impr. Mame.

www.ingramcontent.com/pod-product-compliance
Ingram Content Group UK Ltd.
Pitfield, Milton Keynes, MK11 3LW, UK
UKHW021310190726
13839UKWH00007B/572